Mapas do Acaso

45 variações sobre um mesmo tema

BOA LEITURA,

Gustavo!

Humberto Gessinger

Humberto Gessinger

Mapas do Acaso

45 variações sobre um mesmo tema

BelasLetras

Editor | Gustavo Guertler
Projeto gráfico | Melissa Mattos
Fotos | PG Florence
Iluminação | Thiago S. Correa

Revisão | Marcele Brusa Maciel

Capa | Melissa Mattos,
sobre foto de PG Florence

[2011]

Editora Belas-Letras Ltda.
Rua Coronel Camisão, 167
CEP 95020-420 – Caxias do Sul – RS
www.belasletras.com.br

Dados Internacionais de Catalogação na Fonte (CIP)
Biblioteca Pública Municipal Dr. Demetrio Niederauer
Caxias do Sul, RS

G392m Gessinger, Humberto
Mapas do Acaso: 45 Variações Sobre Um Mesmo Tema / Humberto Gessinger. _Caxias do Sul, RS: Belas-Letras, 2011.
144 p.

ISBN 978-85-60174-78-2

1. Literatura brasileira - Crônicas. I. Título.

11/02 CDU 821.134.3(81)-92

Literatura brasileira – Crônicas 821.134.3(81)-92

Responsável pela catalogação:
Bibliotecária Maria Nair Sodré Monteiro da Cruz CRB10/904

8

Âncora

Notas Mentais

100

Velas

45 Letras

Âncora

Notas Mentais

(ao som de baquetas contando o início da canção: 1... 2... 3...)

Nota mental para uma próxima vida:
Jamais comece um livro dizendo que é uma continuação.

Quem já leu o livro *Pra Ser Sincero – 123 Variações Sobre Um Mesmo Tema* – vem embalado. Quem embarcou agora poderá fazer do *Pra Ser Sincero* uma continuação. A música é de quem ouve. O livro é de quem lê. A ordem? Faça você mesmo.

Não sei que formato tomou o texto que escrevi (escrevo) e você está lendo (lerá). Grande ou de bolso? Colorido? E-book? Pergaminho? De qualquer forma, poderíamos estar conversando ao redor de uma fogueira pré-histórica. Não mudaria muita coisa.

Então, chega mais, cara, enquanto tomo um chimarrão com meus fantasmas. Prefere água de coco, vinho tinto, chá de menta? Tranquilo. Fantasmas não têm sede. Bebem pela companhia...

Nota mental para uma próxima vida:
Ler as notas mentais da vida passada.

Os profissionais dizem que analogia é uma forma preguiçosa de pensar. Às vezes, acho que preguiça é uma virtude. Nas mesmas horas em que acho a coragem uma chatice.

Não sei se tenho ou tive grandeza suficiente para me conduzir vida afora, noite adentro. Gosto de pensar pequeno. Tenho coração de *roadie* e alma de caminhoneiro. Sobretudo, tenho certeza de que Deus está nos detalhes e as coisas simples são as melhores. Taí uma dessas velhas e surradas sabedorias que a gente teima em esquecer.

Sabe o que me dá enorme prazer? Limpar minhas gaitas de boca no hotel depois do show. É parecido com lavar a louça depois de um delicioso jantar. A água correndo induz a um estado meditativo tribom.

Na escola de arquitetura, usávamos canetas de nanquim (o que se usa agora? O mesmo computador que serve pra ouvir música, mandar cartas e acessar o banco?). Eram frágeis e chatas de limpar, as tais canetas. Caras pra caramba, pelo menos pra mim.

Uma gota de nanquim, que parecia minúscula, se abria na pia, virava uma enorme mancha negra que a água desfazia. A gente assoprava pra desentupir a caneta, ficava com nanquim nos lábios. Dos lábios para as mãos, das mãos para a toalha. O mundo inteiro corria o risco de ficar manchado de nanquim. Noite adentro, madrugadas afora, desenhando e ouvindo *walkman*. Não preciso explicar o que eram *walkman* e fitas K7, né?

petróleo das veias, panela de pressão
lava minha alma lava de vulcão
transborda porão

Deus continua nos detalhes e as coisas simples continuam sendo as melhores. Não seria um par de parágrafos que me faria mudar de opinião. Quando eu era criança, e quando meu pai estava com a barba por fazer, ele esfregava a palma da minha mão no seu queixo. Cócegas, eu morria de rir. E tudo era bom. Não durava muito. Não durou muito.

Raquetes de tênis deixaram minhas mãos cheias de calos. Cordas de guitarra deixaram meus dedos cheios de calos. Foi-se a pele fina, sensível. Mas não se iluda ao analisar o design tosco de um besouro. Contra toda expectativa, contra qualquer explicação, ele voa. Basta uma bola bem batida, ou um acorde bem tocado, para tudo ficar bem. Não dura muito, mas sempre volta a acontecer.

quem não sabe finge saber quando vê o ouro brilhar
quando vê o couro comer e o besouro voar

Nota mental para uma próxima vida:
Lembrar que a vida é uma só. Só?

"Vivo como se não houvesse amanhã", "Só me arrependo do que não fiz". São frases muito comuns nos nossos dias. Destas que, de tanto ouvir, aceitamos sem pensar. Como música de elevador e papel de parede. Essa salada de autoajuda-histérica-consumista é o prato do dia. Todos os dias. Viver como se não houvesse amanhã, às vezes, pode ser traduzido como: trocar de celular sem necessidade e pagar com cartão de crédito. Sem crédito.

Imagine se todos os chineses, repentinamente, começassem a viver como se não houvesse amanhã. Queimaríamos o planeta. Ops, já estamos queimando! Só aumentaria a velocidade do fogo, do fim. Queimar o planeta uma geração antes ou depois, que diferença faz? Ops, uma geração é gente pra caramba! Uma pessoa já é gente pra caramba! Faz toda a diferença do mundo.

Gosto de deixar para Adriane e Clara as uvas mais maduras do cacho que está na geladeira. Gosto de viver como se houvesse muitos amanhãs, muitas parreiras bem plantadas e bem cuidadas. Uvas para todos. Nada começou ou terminará com a gente.

há mais de mil destinos em cada esquina
outras vidas esperando em cada esquina

Fantasminhas camaradas pintam em cada esquina. Basta dobrarmos para um lado para que apareça, seguindo em sentido oposto, um fantasma nosso, vivendo as coisas que deixamos de viver. E como mudamos de caminho! Nem sempre se trata de escolher para que lado ir. A dúvida pode ser: ficar parado ou voltar. Se for esse o caso, pode ter certeza de que fantasmas avançarão.

A primeira entrevista dos Engenheiros do Hawaii aconteceu num programa de TV transmitido por uma emissora que estava falindo. Os funcionários assumiram o controle depois de uma greve prolongada, algo assim. O cara que nos recebeu, sabendo que éramos estudantes de arquitetura, nos convidou para trabalhar ali, fazendo cenários.

Olhando daqui para lá, não parece uma questão. O tempo asfaltou uma *highway* em linha reta sobre essa esquina, ela já não existe. Na hora, até que era uma proposta a ser estudada. O que tínhamos como opção? Uma banda montada para durar um dia. Botamos todas as fichas nela. Alguns fantasmas seguem lá, montando cenários para os programas femininos da tarde.

fácil falar, fazer previsões, depois que aconteceu
fácil achar o caminho a seguir num mapa, com lápis de cor

Quando passei da guitarra para o contrabaixo, seguiu um fantasma empunhando sua Fender Telecaster. Quando voltei à guitarra, alguns anos depois, nascia um fantasma cercado por baixos Rickenbacker e Steinberger.

O Gessinger Trio nasceu como 33 de Espadas. Desenhei uma logomarca bacana, o que sempre é um bom sinal. Eram quatro módulos iguais que escreviam o nome. Os quatro naipes do baralho. Eu poderia ter seguido com esse nome. Os discos *Minuano, !Tchau Radar!* e *10.000 Destinos*, dos Engenheiros do Hawaii, poderiam ter sido lançados pela banda 33 de Espadas. Pronto, agora já temos uma banda fantasma.

Os fantasmas do compositor são mais difíceis de seguir. Frutos de uma atividade mental, abstrata, deixam pegadas mais sutis. No disco *Simples de Coração*, duas canções, originalmente, tinham outros nomes: *Lance de Dados* se chamava *BR 101* e *Por Acaso* se chamava *Voo 101*. Este era o voo da Varig que fazia a rota Rio/PoA; aquela é a rodovia que liga o Rio Grande do Sul ao resto do país pelo litoral. Por achar pouco compreensível a alusão, acabei mudando os nomes. Me simplifiquei, me traduzi. Nem sempre a coisa certa a fazer. Deve haver fantasmas, por aí, cantando músicas chamadas BR 101 e Voo 101.

Existem fantasmas escolhendo repertório e produzindo discos (formato que também já é fantasma). Nunca gravei uma canção da qual gosto muito e que fala dos "arames da Dom Pedro" e "arames do São Pedro". Dom Pedro é uma avenida de Porto Alegre, São Pedro era o manicômio da cidade. Incompreensível, né? Simplificar, traduzir-se, às vezes, é a coisa certa a fazer.

Quando fui morar no Rio de Janeiro, em 1988, um fantasma ficou em Porto Alegre, indignado com a mudança para uma das pontas do eixo Rio-São Paulo. Antes disso, em 1986, quando a música *Toda Forma de Poder* estourou Brasil afora, na contramão da objetividade segui morando em Porto Alegre. Um fantasma foi morar em São Paulo. Indeciso fantasma: até hoje não escolheu entre Santos, Palmeiras, Corinthians e São Paulo. Torce por todos, ou seja: não torce para nenhum. A cada gesto que fiz ou deixei de fazer, devo ter ganhado fãs, perdido fãs. Só artistas acomodados têm mais fãs do que *fã-tasmas*.

Não é preciso invocar progressões geométricas e aritméticas para saber que, com o tempo, o número de fantasmas cresce de forma incontrolável. Já não é possível ouvir todos com a atenção que merecem. Não consigo mais anotar todas as ideias que eles sugerem. Ficam fragmentos na minha mente.

Nietszche, aquele fanfarrão
péssimo coveiro, quem diria!
enterrou Deus quando morreu a filosofia

tanque na reserva
low battery warning
e ainda falta tudo
ainda falta mais

quem você pensa enganar
com estes pontos de exclamação
onde deveria haver reticências?

o que é vivo muda
se muda muito morre
suba com cuidado
os degraus da evolução
desça com carinho
com senso de missão

estranho egoísmo
para mim
tudo se resume a uma pessoa
e essa pessoa não sou eu

Nunca nenhum deles me disse qual o sentido disso tudo. Ainda bem! Eles podem ter todos os defeitos do mundo, menos a objetividade. Nisso, eu e meus fantasmas nos parecemos. Convivemos bem com expressões que os profissionais achariam vagas demais ("eles", "o sentido", "isso tudo"). Pessoas muito objetivas nos cansam.

Quem liga com uma linha reta causa e efeito, quem acha que defeitos e virtudes são opostos, quem escreve bom e ruim em bronze, quem acha que um livro é só um livro e uma canção é só uma canção, nos dá sono. Pessoas que acham que pão é pão e pedra é pedra , que colocam os pingos nos ii, o preto-no-branco, nos parecem suspeitas.

Somos exilados da objetividade, eu e meus fantasmas. Filmes de ação nos entediam, músicas pra dançar nos entristecem, revistas de sacanagem, panfletos políticos, carros de corrida, tanques de guerra, qualquer coisa muito objetiva nos cansa. Se for bem feita, cansa mais rápido. Se for bom, bonito e barato, cansa ainda mais.

não é ciência exata
não acontece em tempo real
é demais! humano demais

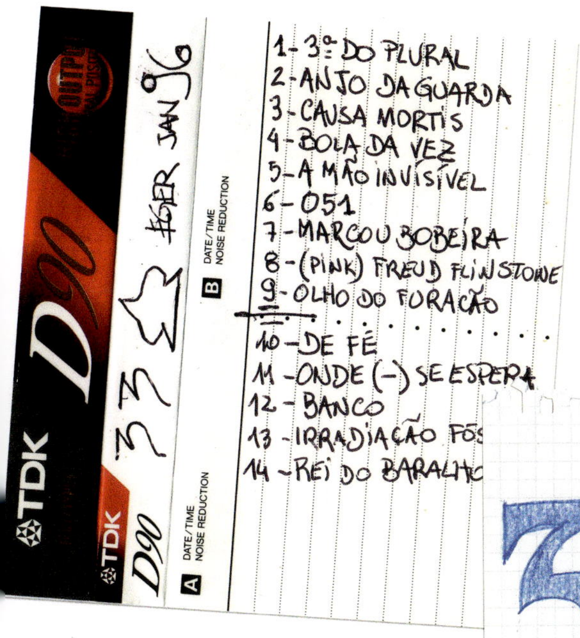

Nota mental para uma próxima vida:
Há um tempo certo para tudo. Para tudo uma razão. Ou não...

Há um tempo para semear e um tempo para colher. E há um tempo que eu não sei bem qual é, mas que chega e que chegou: o tempo de usar óculos para ler. Vem para ficar, o tempo de usar óculos para ler. Veio e ficou.

No período inicial, a dependência é sutil (se sutil pode ser uma dependência). Esquecemos os óculos em casa? Basta alongar o braço, franzir a testa, deduzir a letra e o número que parecem dúbios.

Conforme o tipo da fonte, um *5* pode ser *6*, um *L* pode ser *I*. Sabemos que o violão citado em algum torpedo que recebemos será sempre um *Guild*, nunca *Gulid*. Intuímos mais do que vemos. Imaginamos o *frame* que falta, ligamos os pontos. Corremos o risco de que exista, de fato, um violão chamado Gulid e que a mensagem no celular seja mal entendida.

Quando os riscos se tornarem muito grandes e os braços muito curtos, incapazes de levar o objeto até a distância em que enxergamos com lucidez, jamais esqueceremos em casa, outra vez, os óculos para ler.

Óculos para perto. Vista cansada. Quem tornou definitivo esse filtro, para mim, foi um *smartphone* que teimava em ficar perto demais dos meus olhos, por mais que eu esticasse o braço. Depois de confundir várias vezes Alexandre com Alemão, na lista de contatos, dei o braço a torcer. Aquele mesmo braço insuficiente na distância objeto/observador.

Eu até havia conseguido ultrapassar, a olho nu, uma etapa difícil: diferenciar o xampu do condicionador. De todas as bobagens coloridas escritas nos rótulos desses produtos, a menor fonte, e a cor mais fugaz, são reservadas para o essencial: a descrição do conteúdo. Xampu ou condicionador?

A inteligência mediana ou a atenção dispersa, principalmente no banho, me fez demorar a sacar que, ao contrário dos xampus, nos condicionadores a tampa fica embaixo. Deve ser para que a substância, mais espessa, receba uma ajuda da força gravitacional e esteja mais pronta para sair quando necessário.

Deve ser mentira. Duvido que tenham pensado na gente quando desenharam a embalagem. O design deve ter algum outro motivo que não facilitar nossas vidas. Algo como a atração exercida na estante de um supermercado.

propaganda é a arma do negócio
no nosso peito bate um alvo muito fácil

Não sou conhecedor da legislação universal, mas suponho que seja proibido entrar de óculos no box do chuveiro. Assim como ficar só de meias, em qualquer situação, deve ser proibido. O jeito é aprender a distinguir o rengo sentado e o cego no escuro. Diferenciar xampu e condicionador a olho nu.

Lei deveria haver, proibindo que óculos sobrevivessem a seus donos. Nada de tribunais: uma lei divina, lei natural. De todos os objetos que o homem criou, os óculos são os que mais sofrem sem seus donos. Nada mais triste do que a solidão inútil de um par de óculos de alguém que se foi. As roupas, o relógio, a caneta, tudo mais parece seguir sua vidinha, procurando outras mãos, outros rumos. Os óculos, não. Eles sofrem, definham.

onde estão teus olhos agora que a dor já era?
agora que domei a fera, onde estão teus olhos?

Na ilusão de que seria um eterno provisório, comprei a armação que me pareceu mais bacana, sem pensar em como ficaria no meu rosto. Não me dei conta de que, daquele momento em diante, aquilo também seria meu rosto. Só depois, descobri que rola uma ciência aí, se não me engano, aconselham armações com formato contrário ao do rosto. Rosto comprido, óculos estreitos. Algo assim... Nem sempre o modelo que se quer é o modelo que se deve.

Essa é uma briga para a vida inteira: querer o que se pode, poder o que se quer. O único esporte para o qual eu levava algum jeito, quando criança, era o vôlei. Mas eu não gostava. Fui mais feliz sendo um goleiro mediano e um tenista sofrível do que sendo um bom jogador de vôlei.

Frequentemente, aplico esse raciocínio aos instrumentos que toco. Quais eu quero e quais eu devo? Me tranquilizo lembrando que a arte não tem objetivos lineares como o esporte. Não se trata de ganhar ou perder, ser mais rápido ou mais forte.

saber, todo mundo sabe
querer, todo mundo quer
mais fácil falar do que fazer

A utilização de óculos desde cedo pode ser sublimada em uma canção, como muito bem fizeram os Paralamas do Sucesso. Mais difícil é glamourizar os óculos que chegam, e chegam para todos, aos quarenta anos. Resta o consolo de Martin Fierro: "O diabo sabe mais por ser velho do que por ser diabo". Essa citação do poema de José Hernandez também deve valer mais por velha e surrada do que por sábia.

Os profissionais dizem que analogias e citações *blah blah blah*... Aaaah, não, chega! Nesta hora da madrugada, não basta ser profissional. De qualquer maneira, a carruagem deles se transforma em abóbora às 18h. Bem a tempo de engrossar o último engarrafamento do dia e abrir a primeira garrafa da noite.

Me acostumei aos óculos e até estou curtindo esse filtro a mais, algodão entre cristais. Ele cria mais uma possibilidade de olhar: quando preciso, pulo o muro, olho por sobre a armação. O olho no olho, que antes era uma obviedade, agora é uma conquista, tem mais sabor.

Acabou a bateria do *laptop*! O reflexo da minha cara na tela morta me lembrou que minha armação preferida é torta. Óculos tortos me caem bem. Fico parecido com o que sou. Infelizmente, não dá pra usar em público, pois todo mundo fica lamentando, silenciosamente, com olhar compungido, a tortura da armação. Aí é um saco. Melhor retificar, pra não virar assunto. Há coisas que perdem a graça se chamam a atenção.

Desligados, o monitor do computador, o *display* do celular, se transformam em negros espelhos que me devolvem o olhar. Se analogias em si são perigosas, as que envolvem tecnologias sempre cambiantes são letais.

Que formato terá tomado o texto que escrevi (escrevo) e você está lendo (lerá)? Grande ou de bolso? Papiro ou digital? Pergaminho? Será que ainda se usa o termo *e-book?* Na última vez em que prestei atenção, de tão vaga, a palavra "computador" não significava nada.

Nota mental para uma próxima vida:
Evitar cidades turísticas.
Esparta Alegre tá de bom tamanho... posso seguir aqui.

Em dezembro de 1985, ainda mais estudantes de arquitetura do que músicos, os Engenheiros do Hawaii tocaram em Passo Fundo. Cidade distante uns 300 quilômetros de Porto Alegre, nunca tínhamos ido tão longe. Tempos anteriores à internet. Longe era longe.

Fizemos um show bacana, com um pouco mais de uma hora de duração. Era o tempo que costumávamos tocar. O dono do local, com a cabeça ainda no tempo dos bailes, encheu nosso saco, exigindo que a gente tocasse mais.

Meu equipamento era uma guitarra Giannini e um pedal de efeito. Amplificador, eu dava um jeito de arranjar. Não tínhamos disco, ainda. Viajávamos com uma fita da música *Segurança* para a eventualidade de alguma rádio local se aventurar a tocar. Não tocávamos covers, éramos autorais até os ossos. Um pouco por virtude e um pouco por defeito. Quando tentava tocar alguma música de outro cara, eu acabava compondo uma nova antes de aprender.

Nessa noite, voltamos ao palco e ficamos mais meia hora improvisando uns solos, fazendo sons estranhos com os efeitos. Ou melhor, "o" efeito: um *flanger*. O pessoal curtiu pra caramba! Não queriam nos deixar sair do palco, desta vez por satisfação. Isso fala um pouco daqueles tempos. De como público e bandas eram mais abertos, ousados.

Hoje, sei da dificuldade que bandas novas têm de mostrar seu trabalho autoral. Na contramão das novas possibilidades tecnológicas, perdeu-se um pouco a generosidade para com o desconhecido. Nesse girar-girando, segue o círculo vicioso: público carente quer artista baba-ovo que quer público carente que quer artista baba-ovo da serpente que engole o próprio rabo.

Depois do show, enquanto batíamos papo na rua (bons tempos em que dava pra fazer isso) vi chegar um Fiat 147, carro que parecia incrivelmente pequeno na época. Havia uma vaga do tamanho exato para estacionar. Ao contrário do que se costuma fazer, o motorista entrou com a parte dianteira do carro na vaga. Desligou o motor, saiu, agarrou o para-choque traseiro, de costas, ergueu e acabou de estacionar o carro no braço! Esfregou as mãos, e, com o canto do olho, conferiu se todos tinham visto a façanha. Desde então, para mim, estacionar o carro do jeito normal passou a ser tão enfadonho!

você, Freud Flintstone, que tem ideias tão modernas
é o mesmo homem que vivia nas cavernas

A primeira ida dos Engenheiros do Hawaii ao Rio de Janeiro foi para tocar duas músicas num show coletivo que seria transmitido pela TV. Era um palco enorme, montado na Praia do Pepino. Asas-delta pousando na beira do mar, meio-dia, um sol de rachar. Tudo diferente da noite no bar de Passo Fundo, onde fizemos meia hora de improviso. Mas foi igual.

Depois de nós, tocaria Tim Maia, mas ele não apareceu. A cada fim de música, saíamos do palco e o pessoal da TV nos empurrava de volta, gritando: "Toquem mais! Tim ainda não chegou!". Eu já tinha um pedal de distorção além do *flanger*. Mais botõezinhos para experimentar. Uuuóóóóóóíiiinnzzzzzssshhhhh.

Na noite anterior, havíamos tocado em Tramandaí, uma praia do litoral gaúcho. Saímos do show direto pra estrada, nosso voo para o Rio era o primeiro da manhã. No caminho, furou um pneu do fusquinha que nos levava. Não sei por que cargas d'água sobrou para mim a troca. Tudo feito com muita pressa, retomamos a estrada. Chegamos em cima da hora no aeroporto de Porto Alegre. Dormi no voo. Do Galeão, fomos direto para a Praia do Pepino. Da van, direto pro palco.

Foi só quando eu comecei a fuçar nos botões dos pedais de efeito, que vi que minhas mãos, principalmente sob as unhas, ainda estavam completamente sujas da troca de pneu. Tudo bem, se não houvesse sempre uma câmera dando *close* nas minhas mãos. O cara colava em mim e eu dava um jeito de virar, ir pro outro lado, pular. O pessoal da gravadora, que estava nos vendo ao vivo pela primeira vez, elogiou muito minha presença cênica. Mal sabiam que eu só estava tentando esconder os dedos sujos de graxa.

Mas meu maior medo, na época, não era parecer porco. Com uma só guitarra, eu morria de medo de que arrebentasse uma corda. Num dos primeiros shows, no meio de um solo, de olhos fechados, senti que uma corda não resistiu ao abuso. Merda! Restava terminar o solo como um piloto pousa um avião com a turbina em chamas. Começaram a pintar uns aplausos, gritos, assovios, risos. Sem abrir os olhos, resolvi esticar um pouco o solo, já que estavam gostando. No fim, ao abri-los, me dei conta de que a satisfação da plateia não vinha da minha habilidade em lidar com o imprevisto. Havia uma mesa muito próxima ao palco e a corda que se partiu, não sei como, prendeu no cabelo de uma guria que estava sentada ali (eram os anos 80, generosas cabeleiras aditivadas). A cada movimento do braço da guitarra, o cabelo dela ficava "dançando" junto.

Para finalizar esse mesmo show, resolvi bater no prato da bateria com o braço da guitarra na última nota da última música do último bis. Para me vingar da quebra da corda. Péssima ideia: exagerei na força e o pedestal do prato caiu no meio de uma mesa cheia de copos e garrafas.

Todo mundo achou o máximo, inclusive os ocupantes da mesa. Acho que se sentiram parte do show. Eram os anos 80, o rock brasileiro era a bola da vez, sem tempo ruim. Foi nesse clima que eu conheci mais cidades do Brasil do que julguei que existissem no mundo.

Nos livros da escola de Arquitetura, conheci o desenho e a história de muitas cidades. Levado pelo ofício de músico, deixei um pouco da sola dos meus tênis em exatas quatrocentas e sessenta e sete. Morar, morei em duas.

Quantas cidades alguém pode conhecer? Quanto da cidade alguém pode conhecer? O suficiente para saber que não há duas iguais. São organismos vivos, respiram e trocam de pele. São poemas. Não há duas leituras iguais.

Da janela de um quarto de hotel, a cidade parece um livro sendo escrito. Páginas espalhadas pelo vento, capítulos fora de ordem. Onde está a frase seguinte? Em algum lugar por aí. No chão da praça, dobrando a esquina, esperando um olhar que mostre o sentido que passava batido. Olhos que leiam, no sulco da folha, a palavra que a borracha já apagou.

Pode ser o olhar desconfiado de um cowboy *chegando a cavalo, enquanto Ennio Morricone ressoa na rua deserta. Pode ser um olhar cansado, numa Kombi cheia de verduras, com Gildo de Freitas trovando no rádio mal sintonizado. A trilha também pode ser música eletrônica e o olhar, de um astronauta que viajou no tempo e está voltando.*

São todos bem-vindos. Do cowboy *ao astronauta. Podem sentar nos bancos da praça, tomar um café no centro, comprar o jornal na banca de revistas e viajar nos vários tempos da cidade. Não é necessária a velocidade extrema dos filmes de ficção científica. Com os pés nos paralelepípedos, basta erguer a cabeça e respirar mais devagar.*

Enquanto as sombras dançam nas fachadas, dá pra ver, além do que está na nossa frente, tudo que já esteve ali. Na parede colorida, a mão de quem pintou. Nas telhas restauradas, toda a chuva que choveu, todo o sol que brilhou. Na madeira antiga, as batidas na porta, do viajante que chegou.

A cidade conta causos. Podemos duvidar de alguns detalhes, podemos inventar outros finais. Às vezes, trocamos datas e nomes, mas seguimos pelos caminhos que já foram dos cavalos e agora são dos automóveis. É nesse bate-papo que vai se fazendo nossa história. Sem saber se construímos ou fomos construídos por essa arquitetura.

Escrevi este texto em 2009 para o livro
Cidades Gaúchas – Paisagens Urbanas, *de Eurico Salis.*

Nota mental para uma próxima vida:
O nome! Pensar bem no nome!

No Rio Grande do Sul, vejo muitos carros com adesivos ligando o motorista ao país de origem da sua família. Confesso que minha vista não alcança tão longe. Os séculos para trás sempre me pareceram menores do que a semana adiante.

Só sei os sobrenomes até meus avós. Minatti e Bacchi por parte de mãe. Gessinger e Klafke por parte de pai. Posso carregar uma herança genética anônima, silenciada pela regra patronímica, que define quais nomes seguirão e quais ficarão pelo caminho. Haveria algum Kant, Beckenbauer, Vivaldi ou Fellini em um galho escondido da minha árvore genealógica? Duvido. Os frutos não costumam cair tão longe do pé.

Pelo lado italiano, eu me chamaria Umberto. Do lado alemão, Hubert. Nasci no meio-termo: Humberto.

na serra, no vale
oriundi alles blau

Maior contato tive com minha avó materna, Bacchi. Ainda me lembro do gosto das compotas de uva com cachaça que ela fazia. A uva, o alimento, sempre foi uma presença forte na colônia italiana. Podar os galhos da parreira, colher os cachos, fazer vinho esmagando a uva com os pés, comer *sugoli* na sobremesa, deixar os grãos mais maduros para quem a gente ama.

Minha vó viveu até uma idade bem avançada. Tempo suficiente para que sua memória recente, a língua portuguesa, cedesse espaço para o que era mais profundo. Quase só falava italiano no fim da vida. Quase uma volta à infância. Das experiências que tive com a morte, essa foi a mais contraditória. Ao mesmo tempo sofrida e tranquilizadora. Um ciclo se fechando, um drible no tempo.

amanhã vamos trocar datas e nomes
amanhã o vinho vai brindar à uva

Herdei a mesa de jantar onde minha avó acomodava os 10 filhos. No silêncio da minha casa, agora, tento ouvir o barulho dessas crianças girando o centro da mesa, pegando pedaços de pão, derrubando café com leite.

Sobre a mesa, meu *laptop*. Na enchente de 1941, quando o rio Guaíba fugiu para longe do seu leito, minha vó colocou, sobre a mesa, sua máquina de costura para que, baixada a água, ela pudesse seguir trabalhando. Olho para os pés da mesa, tento imaginar a que altura a água chegou. No silêncio da minha casa, agora, tento ouvir o som que a água fazia. Ondas do mar na sala de jantar. Com quem terá ficado a velha máquina Singer? Queria poder brincar, novamente, no pedal que controlava a velocidade da costura. Taí outro som que gostaria de ouvir.

Quando prendo meu cabelo numa espécie de coque, sempre aparece um gaiato pra dizer que pareço uma vovozinha. O cara atira na igreja e acerta no padre pois, muitas vezes, quando estou tocando meus teclados com os pés (no *duo* Pouca Vogal, faço o baixo numa pedaleira, enquanto canto e toco violão), lembro da minha vó pedalando sua Singer, refazendo as bainhas das calças dos netos.

Vinda do interior e de um tempo em que a lenha era abundante e o acetileno para os lampiões, caro, minha vó nunca fez a atualização de *software* para os dias de fogão a gás e luz elétrica. Na sua casa, as lâmpadas eram acesas com a maior parcimônia. Só o necessário, nas peças onde houvesse alguém, e alguém que necessitasse mesmo de luz. Por outro lado, o fogão ficava mantendo o café e a água do chimarrão quentes por horas e horas. Inútil explicar para ela a nova lógica econômica do fogo caro e luz barata.

é um standard da indústria
segue a lógica do sistema
simboliza nosso impasse... nossa classe
é um emblema

Não tenho muita moral para questionar a teoria econômica da minha vó. Confesso que eu mesmo não fiz bem a transição para os dias virtuais, do analógico ao digital. Hoje é possível fazer uma videoconferência sem pagar nada. Tente mandar uma carta de graça: impossível.

O que mede o valor das coisas, hoje, é o grau de facilidade de piratear. É consenso entre a garotada que não se deva pagar por música. Um clique já parece muito trabalho. Tenho esperança de que o raciocínio, um dia, sirva para comida, saúde e educação.

Voltemos a outros galhos, os da minha árvore genealógica. Do meu avô materno, Minatti, lembro quase nada. Morreu quando eu era muito pequeno. Para elogiar seu talento nos bailes, vó Teresa dizia que vô João era capaz de dançar em cima de uma moeda. Aí estão genes que, infelizmente, não herdei.

Não cheguei a conhecer meus avós paternos, Rodolfo e Rosália. Morreram antes do meu nascimento. Nos feriados de finados, sempre visitávamos o pequeno cemitério onde eles estão enterrados, numa cidade do interior gaúcho. Lembro do portãozinho, coisa de meio metro, que rangia muito e excitava minha imaginação de criança. Para que serviria um portão em cemitério? Para evitar que alguém entrasse ou que algo saísse?

miragens, fantasmas, viagens no tempo
delírios, desejos, vozes e visões
será que você existe? será fruto da imaginação?

Nota mental para uma próxima vida:
Ser sincero como não se deve ser.

Minha primeira incursão ao mundo das letras foi com... letras. Literalmente: pequenos símbolos pretos indecifráveis numa folha de papel. Antes de ser alfabetizado, eu gostava de fazer de conta que lia o jornal. Qual a graça disso? Talvez, parecer adulto.

Éramos assinantes de um jornal enorme, maior do que os atlas de geografia da minha mãe. Eu compartilhava com meu pai a preferência pela página de turfe, com fotos de cavalos em disparada e jóqueis tensos. Abaixo das imagens, o programa das corridas do dia. Informações em código, para entendedores acertarem a dupla que chegaria na ponta.

Meu pai acompanhava as corridas pelo rádio. Em alguns domingos, íamos ao hipódromo do Cristal. Eram bacanas os uniformes dos jóqueis. Eles pareciam times de futebol de um só jogador. O som dos cavalos quando passavam por nós, na reta final, era impressionante. Patas percutindo o solo. Vinha, pelo chão, aquele grave profundo. Ouvíamos pela pele. Uma bateria com dois bumbos muito bem tocada.

na ponta dos cascos e fora do páreo
puro sangue puxando carroça

Não era só dos jornais escritos que eu gostava. O da TV também me atraía. Gosto de pensar que a atração vinha da música de abertura: Pink Floyd. *Summer of 68*, do disco *Atom Heart Mother*. Acho que já se chamava Jornal Nacional.

Quando eu tinha uns 10 anos, um caso esquisito dominava as manchetes: o sequestro da herdeira de um milionário império jornalístico americano. Se chamava Patricia Hearst. Foi sequestrada pelo Exército Simbionês de Libertação, um grupo terrorista americano de orientação marxista. Estranho, né? Ela acabou se juntando ao grupo e participando de um assalto a banco. Diziam que havia sofrido lavagem cerebral.

Talvez viesse daí o fascínio que o caso exercia: "lavagem cerebral". Duas palavras que ficam estranhas uma ao lado da outra. Depois começaram a falar em "Síndrome de Estocolmo", um estado psicológico no qual a vítima se identifica emocionalmente com o agressor.

Acho que desenvolvi uma síndrome dessas ao contrário. Um estado psicológico em que o vencedor se identifica emocionalmente com o derrotado. Costumo virar simpatizante dos times que perdem para o Grêmio em jogos emblemáticos. Até coleciono suas camisas. Estão na lista Hamburgo, Peñarol e Náutico. Chamo essas camisas de "escalpos". Carinhosamente.

como um cachimbo da paz
depois da explosão

Nos anos 80, futebol não era o fenômeno pop que passou a ser. Quando convidamos dois jogadores da dupla GreNal, Lima e Taffarel, para gravarem a chamada de rádio de um show dos Engenheiros do Hawaii, as reações foram sempre de surpresa. AM e FM eram dois mundos incomunicáveis. Ninguém entendia que ponte era aquela, unindo universos tão distintos.

Nessa época, eu aproveitava as viagens para aumentar minha coleção de camisetas de clubes. As "oficiais", em muitos lugares, eram quase impossíveis de conseguir. Em Recife, ganhei camisas do Náutico,

Sport e Santa Cruz. Agradeci ao cara que me deu o presente, e ele disse: "Não me custa, sou dirigente." "De qual time?", perguntei. "Dos três!".

Lembra do menino que fingia ler jornal? Pois, até hoje, ele não sabe onde é jogada a melhor partida de futebol: no estádio, nas vozes do rádio ou nas fotos dos jornais?

CAI O PRIMEIRO ZERO DO PLACAR

Quero fazer um gol num GreNal. De cabeça. Para não ser muito rígido no meu pedido, aceito, como segunda opção, que seja num chute de fora da área. Mas faço questão de que aconteça aos 38 do segundo tempo, numa tarde chuvosa, acabando com o zero a zero sofrido de um jogo truncado.

Gostaria, também, que estivéssemos jogando com camisetas de mangas compridas, sem patrocínio, com números e distintivos bordados. Um rasgo na camisa suja de lama testemunharia a guerra que foi o jogo.

Os calções não seriam nem tão pequenos quanto os que se usava nos anos 80, nem tão grandes quanto as bermudas dos anos 90. A bola seria de couro, com a costura aparente, aquelas usadas em mil novecentos e antigamente. Ainda não decidi com que número eu estaria jogando. Só sei que seria um número maior do que 11, pois eu entraria aos 35 do segundo tempo. Faltando 10 minutos para o fim do jogo, o técnico, Seu Ênio Andrade, me chama. Faço o aquecimento, assino a súmula. A torcida grita "Burro!". Ninguém leva fé.

Eu poderia ser uma jovem promessa estreando no time ou um veterano em fim de carreira. Talvez eu estivesse voltando de uma lesão. Talvez todo o resto do plantel reserva tivesse passado mal depois de beber uma misteriosa água.

O fato é que entro em campo e formo, com meus companheiros, a fina flor tricolor. Danrlei e Yura guerreando... Alcindo revezando a centroavância com André Catimba... De Léon, Ancheta e Adílson descobrindo um jeito de jogarem juntos... Renato numa ponta e gringo Ortiz na outra... Flecha, Wilson Cavalo, Beto Fuscão e Beto Bacamarte, pela poesia dos nomes... Ronaldinho voltando, porque é melhor jogar no Olímpico do que na Europa... Arce e Roger, Émerson e Everaldo, Dener e PC Caju, Éder e Loivo, Chamaco e Scotta, Baltazar e Jardel. Jogam mais de onze nesse time, pois a matemática dos sonhos tem seus caprichos.

Importante seria a mixagem da trilha sonora: quero escutar a bola roçando a rede, o desabafo do zagueiro adversário, a torcida saindo do silêncio, a volta dos que já saíam do estádio. Ao mesmo tempo, quero ouvir a narração do gol com todos os clichês possíveis.

Quero que algum repórter invada o campo na hora da comemoração para que eu diga algo incompreensivelmente ofegante em meio a palavrões. Quero ouvir o cara do plantão dando as estatísticas antes que o comentarista confesse sua surpresa.

Um cartão amarelo por vibração excessiva seria o final perfeito para o gol que eu quero fazer num GreNal.

Se me empolguei e acabei pedindo demais, tenho outro sonho, talvez mais acessível: pegar um pênalti num GreNal. Um milagre. Canto esquerdo. Eu estaria usando um uniforme igual ao que vejo nas fotos do Eurico Lara, mas seria no moderno Olímpico Monumental pós-Hélio Dourado.

Pensando bem, será que eu não posso pegar um pênalti "e" fazer o gol decisivo em um mesmo GreNal? Puxa, todo gaúcho deveria ter esse direito!

Escrevi este texto em 2002 para a revista Nação Tricolor.

Nota mental para uma próxima vida:
Cair na real: futebol é o ópio do povo e canções são só canções. (naahhhh, nada a ver, deletar esta nota)

De tanto ouvir canções, passei a acreditar que a vida também é uma. Procuro a harmonia, espero o refrão, ergo os braços segurando um isqueiro imaginário... Acho que mereço um solo, de tanto ouvir canções. Tenho ciúmes do Elton John, pois ele cantou uns olhos azuis que acho que são dela. Eu sei, eu sei, ele nem é chegado nisso e a música nem é tudo aquilo. De tanto ouvir canções, passei a acreditar.

às vezes faz a diferença um par de olhos
um pôr do sol às vezes faz a diferença

Se você está ouvindo música, provavelmente ela vem de um aparelho digital com um botão infinito. Um desses botões que giram para qualquer lado, para sempre, aumentando ou baixando o volume. Hoje são o padrão, estão no painel de qualquer carro. Difícil lembrar que já causaram surpresa.

Não me esqueço da primeira vez em que vi aquele girar-girando. Foi num sintetizador. Até então, os botões sempre faziam uma ligação mecânica entre causa e efeito. Zero estava num extremo, dez estava no extremo oposto. Podíamos ir do mínimo ao máximo pelo sentido horário. Mas havia limites, à esquerda e à direita.

Foi estranho descobrir, no meu teclado Rolland, aquele girar-girando infinito. Novos tempos. O botão mudava dados sobre os quais ele mesmo não atuava. Sua posição era irrelevante. Não importava de onde ele vinha, só o percurso que fazia. Dez e zero, mínimo e máximo, poderiam estar em qualquer um dos 360 graus. Relativismo absoluto, um oxímoro irresistível.

um ciclone atravessou as nossas vidas
de repente tudo fora do lugar
hoje eu sei, só a mudança é permanente
de repente tudo está no seu lugar

Coisas da transição do mundo analógico para o digital. Passou pelo pulso um passo importante dessa travessia: o relógio digital. Com seus números sempre cambiantes, o mostrador digital é indicativo de um tempo em que só o presente existe. Ao contrário do relógio analógico, onde estão sempre presentes as 12 horas mais próximas. Como se estivessem esperando que, em algum momento do seu girar-girando, o ponteiro abençoasse, brevemente, o agora.

Tá vendo? Já passou. O ponteiro voltará sempre ao mesmo número, mas a hora será sempre outra. No céu, lua e sol se revezando. AM/PM/AM/PM/AM/PM... Pode até ser a mesma hora, mas de um outro dia.

Um relógio parado acerta a hora pelo menos duas vezes ao dia. Assim como a roupa no fundo do armário voltará à moda, num mundo sem passado, onde, passados quinze minutos, tudo é *vintage*. Assim como a gente pode parecer inteligente, esperto e bem informado ficando calado.

Nota mental para uma próxima vida:
O que não pode ser dito em três minutos
não deve ser dito em três minutos.

Devo confessar que a tal "sincronicidade" bateu em mim, antes, através do LP *Synchronicity* da banda The Police. Depois é que pintaram uns livros do Jung. Nunca escondi que minha formação é pop. Deformação, talvez.

Não sou daqueles que acham que tudo tem ou faz sentido. Algumas pessoas que eu levo a sério dizem que não há coincidências. Pode ser, sei lá. Não levo a sério tanta gente assim para que alguma pesquisa seja conclusiva. Seja o que for, me assustam certas coincidências.

Dia desses recebi o *link* para um vídeo do *YouTube* (supostamente real, provavelmente tão falso quanto um endereço de *Twitter* do Garrincha). No vídeo, o tenista Roger Federer brincava de Guilherme Tell, acertando um saque de velocidade profissional numa latinha de refrigerante colocada sobre a cabeça de um cara.

Desliguei o computador e abri a biografia do Jack Kerouac. Duas páginas leitura adentro, leio o relato de como o escritor William Burroughs matou sua mulher com um tiro na cabeça, brincando de Guilherme Tell.

Muita coincidência. Eu nem deveria estar lendo aquele livro. Havia esquecido de colocar *O Grande Sertão: Veredas* na mochila. Só por isso, e sem pensar muito, comprei, na livraria do aeroporto, a história do escritor *beat*.

Tudo se misturou e ficou girando na minha cabeça. Federer, de paletó num anúncio da Gilette. Burroughs e sua mulher, Joan Vollmer, pra lá de Bagdá, flertando com a tragédia. Entre eles, o mesmo Guilherme Tell. Arco e flecha, raquetes ou armas de fogo. Maçãs, latas de Coca ou cabeças. Frágeis cabeças.

posso ser um Beatle, um beatnik ou um bitolado
posso ser uma besta, pode dar um basta

É bom quando um livro chega sem aviso. Assim como o Kerouac do aeroporto, acabei encontrando o guitarrista Slash numa pequena livraria de Gramado, na serra gaúcha. Mais uma vez, não era uma biografia que eu estivesse interessado em ler no momento. Eu havia terminado o livro que estava lendo e não havia opção melhor. Então, era o que eu tinha para o fim de semana.

Valeu a leitura. Haviam me convidado para escrever o livro que seria batizado *Pra Ser Sincero* e eu estava indeciso. Nas duas primeiras páginas da biografia do Slash, aconteciam mais coisas interessantes do que aconteceriam em duas vidas minhas. Desisti de escrever minha história. Na terceira página de pileques e ressacas do guitarrista americano, o interesse já não era o mesmo. Decidi escrever minha história.

A esta altura do campeonato, não sei com que nome o livro que estás lendo foi batizado. Será livro, ainda? Como serão batizados os novos formatos? Gosto dos nomes dos discos *Surfando Karmas & DNA* e *Dançando no Campo Minado*. Gerúndio é o tempo dos tempos sem tempo em que vivemos. Olha o mostrador do relógio digital aí, de novo, mostrando só o agora. Tá vendo? Já passou. E, se já passou, não existe mais. Como o que virá ainda não existe.

Gerúndio é a lógica do *Twitter*, com sua urgência de 140 toques e a constante pergunta: *o que você está fazendo?* Acho que os escritores *bea*t curtiriam a ideia. Eu sei, Kerouac bateu sua máquina de escrever, furiosamente, usando um rolo de papel para *telex* de 40 metros, pois não queria que a reposição das folhas atrapalhasse o fluxo das ideias. Mas, talvez, ele gostasse de mergulhar nas águas profundamente rasas do *Twitter*, onde não se vê o mesmo rio duas vezes. 140 toques, dois neurônios, três minutos. Águas passadas não movem moinhos.

Nota mental para uma próxima vida:
Toda Eleanor Rigby tem seu dia de Ob-la-di, Ob-la-da.

Outra nota mental para uma outra vida:
Toda Ob-la-di, Ob-la-da tem seu dia de Eleanor Rigby.

Até que ponto funciona, no nosso cérebro, a tecla "delete"? Contradizendo o ditado, não será a primeira impressão que fica?

Trabalhando com o *power duo* Pouca Vogal, conheci um *roadie* a quem todos chamavam Cami. Sempre com roupas escuras e cara séria, parecia mesmo um existencialista perdido milhares de quilômetros e dezenas de anos distante da Paris dos anos 50.

Sempre que ele me alcançava a viola caipira, uma harmônica ou uma xícara de chá de menta, eu ficava tentando adivinhar qual livro do Albert Camus teria feito sua cabeça. Talvez fossem as fotos do escritor francês fumando, com um casaco do tipo Humphrey-Bogart-em-Casablanca, a causa do fascínio e do consequente apelido.

Por algum tempo, eu não quis perguntar. Preferi mastigar as inúmeras possibilidades da dúvida, o prazer da especulação. Quando resolvi pôr fim ao mistério que ligava Cami a Camus, uma surpresa. A resposta foi "Nããão, cara, é Kami. Vem de kamikaze!".

Ok. Mas quem garante que a verdade se sobrepõe? Para mim, até hoje, quem me entrega o violão no início do show é um fã de Albert Camus. Me parece mais apropriado do que receber a toalha, no fim do show, de um piloto de caça japonês capaz de morrer por seu país.

visão de raio X
o X desta questão é ver além da máscara

Também na equipe do Pouca Vogal, reencontrei Marcelo Truda. Agora técnico de som, Truda era guitarrista da Taranatiriça, a maior banda gaúcha no início dos anos 80.

Nosso último encontro havia sido em 1985, nos bastidores de um show coletivo. Engenheiros do Hawaii, ainda sem disco gravado, seria a banda de abertura. Taranatiriça, a grande banda local, tocaria depois. Legião Urbana, atração nacional, já com um disco de ouro na bagagem, fecharia o show. Eu não tinha amplificador para minha guitarra, pedi para o Marcelo me emprestar o sistema dele, que era o melhor do sul. Ele emprestou na boa, coisa não muito comum na competitiva cena local.

Aproveitando a vinda ao sul, Legião Urbana fez, com Taranatiriça, uma pequena *tour* pelo interior do estado. As duas bandas viajando no mesmo ônibus. Aí está um bom assunto para quem quisesse escrever uma tese sobre rock brasileiro, rock gaúcho.

Naquele ônibus, estavam duas correntes se encontrando numa esquina, ou melhor, várias esquinas. Pré-Punks ou Pós-Punks. Rock Cabeça ou Rock Sensual. Guitarras distorcidas ou guitarras limpas. Fumantes ou não fumantes. Nova Iorque e São Paulo ou Los Angeles e Rio. Londres em 67 ou Londres em 77. Solos de guitarra, baixo e bateria ou poemas. Já falei para várias pessoas sobre o significado transcendental desta pequena *tour*. Ninguém concordou comigo.

No Rio, encontrei, algumas vezes, Dado, o guitarrista da Legião. Junto com sua mulher, Fernanda, conversávamos sobre capas de discos. Ela era superminuciosa com as sutilezas de tom das capas da Legião, todas muito sóbrias e classudas. Para as capas dos Engenheiros do Hawaii, a tese era: “Se precisar de mais de uma palavra pra definir a cor, não tá legal”.

Nossa onda era outra: manipular grafismos e subverter ícones, herança dos nossos tempos na escola de arquitetura. Vejo aí mais uma esquina. Tons pastéis ou o Papa tomando chimarrão.

Nem falei para ninguém sobre o significado transcendental desses encontros, ninguém concordaria. Tenho várias teses solitárias, me acostumei a tê-las só para mim.

não quero seduzir teu coração turista
não quero te vender o meu ponto de vista

Uma dessas teses defende que Thin Lizzy é a banda que resume rock'n'roll. Pelo amor de Deus, não vá parar de ler para baixar as músicas dos caras! É uma teoria um tanto abstrata, como aquelas da física moderna. Coisas que não se vê a olho nu. Pra que serve, mesmo, saber quando o sol vai ser devorado por um buraco negro? Mesmo que fosse possível resumir o rock'n'roll, que valor teria isso? Ok, talvez valor nenhum, a não ser que alguém tenha dedicado a vida inteira ao som das guitarras, baixo e bateria. Este sou eu.

Thin Lizzy resume o rock'n'roll, primeiro, por não ser genial. Beatles não pode ocupar o cargo porque transcende o rock'n'roll, assim como Tom Jobim transcende a bossa nova e Bob Marley transcende o reggae. Uma vez estabelecido que não é uma banda genial, estamos livres pra dizer: "Cara, genial!"

A banda faz parte do período dos excessos setentistas, mas ficou livre do que veio depois: a segmentação, os adjetivos, a especialização. É só rock, apesar de ter flertado com o modelito *heavy metal* no finzinho da carreira. Digamos que o público deles já usava jaquetas de couro, mas as calças ainda eram jeans. Adolescentes, *loosers*, quase delinquentes. Braços erguidos saudando solos de guitarra. Apenas em algumas mãos os dedos indicadores e mínimos faziam o sinal que, um tempo depois, seria a norma. Tão parecido e tão distante do "V" de paz e amor.

afinal, o que é rock'n'roll?
os óculos do John ou o olhar do Paul?

Outros ingredientes relevantes para minha tese: Phill Lynnot era um compositor muito bom. Cantava e tocava baixo de forma intensamente pessoal. Filho de um negro latino-americano e uma irlandesa, trazia no sangue o casamento entre África e Europa que se deu nos EUA e gerou este tal de rock'n'roll. Sua morte prematura é arquetípica. Mistura de hedonismo e martírio, diversão e autoflagelo. No fundo, é sempre uma carência que leva aos excessos. E os excessos levaram muita gente boa, Jimi, Janis, Jim...

Do ponto de vista musical, a banda que resume o rock'n'roll teria, mesmo, que jogar no esquema "duas guitarras, baixo e bateria". Thin Lizzy refinou as *twin guitars* (linhas melódicas tocadas pelas duas guitarras em vozes harmonizadas). Uma das poucas invenções musicais do rock'n'roll. Iron Maiden levou isso para o mundo anabolizado do metal. Ok, não é lá uma grande inovação. Essas harmonias simples talvez tenham vindo das sessões de sopro da música mexicana. Mas soaram muito bem nas guitarras.

Thin Lizzy não foi uma banda importante na minha formação. Nenhuma das bandas que foram poderia resumir o rock'n'roll. Meu gosto sempre foi muito particular. Gosto desse quarteto e não é pela tese. Mas comecei a ouvi-los tarde. Na adolescência, eu era muito mais velho do que sou hoje. Cabeção. MPB, jazz e rock progressivo era minha dieta. Tudo muito sério.

Foi na faculdade de arquitetura que comecei a gostar e entender o que, antes, eu achava de segunda classe. Além do Thin Lizzy, Rush,

Iron Maiden, ZZ Top... Um caminho contrário ao que meus colegas estavam trilhando. Os mais chegados até se diziam preocupados com a degenerescência do meu gosto. Amadurecer é um pouco isso, deixar de ser esperto. Muito prazer, meu nome é otário.

Comecei a aceitar que uma banda pudesse ser vista como uma revista de História em Quadrinhos. Não precisava mais ser um compêndio de História da Arte. Rock'n'roll sem embasbacamento, como um lance deliciosamente menor, com a simplicidade das melhores coisas.

Sempre achei estranho este lance de ficar falando "vida longa ao rock'n'roll". Tão estranho quanto sambas que falam do samba e blues que falam do blues. É o que mais rola por aí, mas acho estranho. Vida longa à vida!

na hora da canção em que eles dizem "baby"
eu não soube o que dizer
ah, vida real! Como é que eu troco de canal?

Ok, pode ir lá baixar as músicas dos caras, só não me responsabilizo, tá? Na minha lista de dez mais, cabe mais de mil, e eles são sempre outros a cada dia.

É bem provável que essa siga sendo uma tese estranha e solitária. Se você, mesmo concordando com meu raciocínio, acha que a conclusão correta deveria apontar AC/DC como a banda que resume rock'n'roll, provavelmente está mais certo do que eu. Quem me conhece sabe do meu amor às causas perdidas.

Se eu dirigisse uma grande corporação, me contrataria para avaliar tendências. O HG chefe faria tudo ao contrário do que o Agagê analista indicasse. Seria um sucesso! Não sei se sou um cara bem-sucedido por causa das minhas ideias ou apesar delas. Na real, talvez eu seja um fracasso. Por causa das minhas ideias ou apesar delas?

Nota mental para uma próxima vida:
Sentir com inteligência, pensar com emoção.

Só faz sentido falar de cultura pop na primeiríssima pessoa, tropeçando nas palavras, engajado, gaguejando. *De Doo Doo Doo De Dah Dah Dah* (Police), *M-m-m-my Generation* (The Who). Não há absoluto. Tudo está no detalhe, no centímetro quadrado de uma capa de LP. Um gol a mais ou a menos pode mudar toda a história. O time pode ser centenário, mas está sempre por um gol. A favor ou contra.

Quem fala, e só fala, de música gosta de pensar Lady Gaga com as mesmas ferramentas que serviam para pensar Janis Joplin. Como se LP e *download* fossem, apenas, formas diferentes de fazer a mesma coisa. Como se fosse possível separar forma e conteúdo.

Para falar dos novos tempos, sempre ressuscitam a "aldeia global" de Marshall McLuhan ou a "relatividade" de Albert Einstein. Será que eles sabiam mais sobre nosso tempo do que meu sobrinho que joga videogame?

os tempos são outros
os erros, os mesmos

Uma mesma progressão de acordes, usada três meses antes ou depois soa completamente diferente. *Cambia, todo cambia,* como cantava Mercedes Sosa. As palavras também vivem reconstruindo seus significados. Há fases em que o nome Engenheiros do Hawaii me parece um achado, às vezes, me parece um fardo.

Tive um cachorro da raça bóxer. De aparência forte, quase truculenta, era, na verdade, muito tranquilo. Montei um nome para ele unindo dois ícones: o cantor Sidney Magal e o personagem de desenho animado Gorila Maguila. O nome era bom de falar e fazia todo o sentido: Sidney Maguila. Equilíbrio perfeito, desfeito quando surgiu o boxeador Maguila. De repente, a todos parecia que vinha dele o nome do meu cão. O boxeador nocauteou a ironia do meu bóxer. Agora, era um nome óbvio, unidimensional. Um bóxer chamado Maguila.

Desconfiado das estátuas e monumentos em sua homenagem, do alto da sua humildade, o poeta Mario Quintana teria dito que um erro em bronze é um erro eterno. Reza a lenda que o bronze da cultura pop dura quinze minutos. Depois, se transforma em pó. Eternidades da semana. Exagero? Pelo sim e pelo não, melhor escrever a lápis as homenagens e os nomes de cachorros e de bandas.

No início da caminhada dos Engenheiros do Hawaii, não adiantava dizer que não surfávamos (nem sei nadar) e que estudávamos na Escola de Arquitetura. Pintavam muitos shows em campeonatos de *surf* e em festas da Faculdade de Engenharia. Não era nada agradável explicar o nome da banda nas entrevistas para desavisadas revistas especializadas. Marketing zero.

O nome, pensar bem no nome. Ih, acho que já estou buscando na mente uma nota que seria para a próxima vida. O nome... Humberto. Começa com uma consoante muda, seguem outras quatro aos pares. Será que foi esse nome que me envelheceu prematuramente, já na infância? Terá sido o signo, Capricórnio? Não sei. Não entendo de datas e nomes.

O texto que segue foi escrito para o caderno Ideias,
do extinto Jornal do Brasil.
O tema proposto foi "mediocridade".
Um assunto sempre pertinente.
É normal que se idealize passado e futuro
e se reclame do que deveria ser o melhor lugar do mundo:
aqui e agora.
O título dado ao artigo foi O Papa é Pop.
Seria banal se não fosse fevereiro de 1990,
vários meses antes do lançamento do disco e da canção
com este nome.

Deve ser terrível para filósofos, historiadores da arte e torcedores do Santos F.C. dar de cara com a mediocridade. Esse encontro é, sem dúvida, menos doloroso (talvez seja fundamental) para um músico popular. Ainda mais no Brasil, país onde, segundo as elites, a mediocridade fica bem acima da média e o pecado mora ao lado.

Criar a partir do medíocre pode ser um desafio interessante. Talvez não chamem de ARTE, mas, afinal de contas, quem precisa de letras maiúsculas? Nós, mortais, também podemos nos divertir juntando clichês (um engenheiro, o Hawaii), criando uma soma maior do que as partes.

Holismos à parte, a chave pode estar aí: "Uma soma maior do que as partes". Como escrever um livro com as palavras já existentes ou inventar novas palavras com as letras de sempre. Cá pra nós, poetas que precisam de palavras que não existem não nascem a todo instante. Nem mesmo na Bahia.

É uma matemática nova, essa. Tem a ver com o estudo do Caos, a música da Nova Era, o declínio do Império Americano, a queda do Muro de Berlim, a queda do Mike Tyson; A Queda, do Camus; a retirada estratégica das tropas que fizeram a Revolução Sexual e o Fim da História (ou a vontade neoliberal, expressa por Fukuyama, de que ela fique como está).

Resumindo: o mundo ficou menor do que era. Por culpa dos samplers, esteróides anabolizantes e dicionários de rima; o mundo ficou menor. É fantástico, o show da vida. Isto é incrível! Só pra ficar na nossa TV dos domingos. Se o mundo diminuiu, tudo ficou obviamente menor. Afinal de contas, quem precisa de letras MAIÚSCULAS?

No planeta Pop, as ondas (entidades mediúnicas que psicografam listas de in e out, melhores do ano e rankings em geral) começaram a rolar de forma cada vez mais rápida, durando cada vez menos tempo, até ficar impossível distinguir umas das outras. Quando uma onda não se diferencia da que veio antes e da que vem depois, todas as ondas deixam de existir.

Assim ficou nosso pequeno e querido mundo POP (e, talvez, o mundo real também): liberdade total, tédio total, world music, David

Byrne contrabandeando carnaval, quinze minutos de fama para cada um (ouviu, Ivan Lendl?). NADA DE VERDADES ABSOLUTAS. Ou você tem certeza de que os Rolling Stones foram maiores do que Os Incríveis? Para quem?

Por que o choro? Um mundo onde as pessoas têm liberdade total para escolher entre... aeróbica de alto e baixo impacto, liberdade total pra escolher a... cor da embalagem; não poderia ser diferente. É melhor que seja assim. As pessoas são maiores do que a cultura, arte, o Papa, Gérson, Tostão, Rivelino, Roberto Carlos ou Che Guevara. Esses são apenas pretextos para as pessoas se encontrarem, para namorar, sofrer, derrubar governos, tentar transcender ou bocejar.

Na falta de uma grande onda (um limite, um parâmetro, pelo amor de Deus!), o gesto skate de inventar ondas no asfalto pode ser a saída. Se o super-mercado-cultural-pós-moderno é inevitável (a julgar pelo casamento entre a alma kitsch americana e o espírito empreendedor e tecnológico japonês, ele será, ainda por algumas gerações), por que não utilizá-lo de forma criativa? Isso não é conformismo! Há muitas coisas além das ofertas da semana. Vejamos Batman, sim. Mas, o Ocidente inteiro na mesma sessão, não! Qualquer depravado sabe que o filme não é tudo que se passa numa sessão de cinema. Há vários filmes em cartaz e, principalmente, várias maneiras de ver o mesmo filme.

Da mesma forma que Beethoven fica ótimo como pano de fundo para o Cid Moreira avisar que vivemos numa democracia, e não tem pra ninguém, um subproduto cultural, saído de uma gravadora medíocre, veiculado em rádios medíocres, com medíocres "porcentagens-sobre-excecução-e-vendas-pagas-com-quatro-meses-de-atraso-sem-juros-nem-correção-monetária-nem-pedido-de-desculpas", pode levar a coisas interessantes. Basta que sirva às pessoas, para fazê-las dormir ou acordar.

A mediocridade não tá no objeto, nem no sujeito, nem no processo. Talvez ela não esteja nem aí para o que acham dela. Será, então, que uma época pode ser medíocre? Que horas sai o próximo trem para os anos 60? Como é que eu faço para esperar por séculos mais interessantes? Ah, já sei: "Vem, vamos embora que esperar não é saber. Quem sabe faz a hora, não espera acontecer". Essa é da Simone?

Nota mental para uma próxima vida:
Dar um jeito de não ficar vermelho.

Seja um problema psicológico ou de irrigação sanguínea das faces, é um saco ruborizar! Já me disseram que tenho um *emoticon* na testa (na pele, segundo os dermatologistas). Na próxima vinda, seria legal vir sem ele. Ser escravo da sinceridade cansa. Não saber blefar é coisa de amador. O jogo é pesado e as fichas podem acabar a qualquer hora.

Nós, gaúchos, somos dualistas. Exagerando, duelistas. Faça um comentário sobre John Lennon para um gaúcho, e ele responderá falando de Paul McCartney. Fale sobre Beatles e seu interlocutor dos pampas encaixará uma comparação com Rolling Stones. Pergunte pelo fim de semana na serra, e a resposta vai passar pelo litoral.

Povo de fronteira, de uma terra topologicamente aberta, com amplos horizontes, não há como se esconder no pampa. (Quem será o cavaleiro que vem lá, ao longe? Será amigo ou inimigo? Traz na mão uma cuia de chimarrão ou um punhal? A favor ou contra?) Talvez, por isso, sejamos tão opiniáticos. Os mineiros, protegidos por montanhas, podem se dar ao luxo de sutilezas, harmonias complexas. Podem dar tempo ao tempo.

Teses, generalizações... Sempre perigosas. Como seria a vida sem elas?

Esse papo "deixa a vida te levar" é bonito, mas, na vida real, uma pitada de controle não faz mal. Eu não ponho minha mão no fogo pelo modo aleatório de execução das músicas do meu *iPod*. Pelo contrário, sempre deixo um dedo próximo ao botão que faz pular para a próxima música.

É uma luta para a vida inteira procurar os mapas do acaso, o mix certo entre âncora e velas. Saber qualé a nossa é uma luta pra vida inteira.

é preciso saber de tudo
e não pensar em nada
fé cega e pé atrás
olho vivo, faro fino e tanto faz

Gosto de pensar pequeno, tenho alma de *roadie* e coração de caminhoneiro. O paraíso é uma fruta. Uma fruta diferente em cada estação é o paraíso para mim.

Não me sinto bem com outras pessoas carregando minhas malas, meus instrumentos, apesar de saber que, às vezes, é a coisa certa a fazer.

Como no dia em que cheguei em São Paulo, onde me esperava um motorista com um carro bacanérrimo. Eram os dias históricos do governo Collor, com sua agenda pseudo-modernizadora e de abertura do mercado. O cara até chamou os carros nacionais de carroças! O carro que encontrei no aeroporto era tudo menos uma carroça.

O motorista abriu o porta-malas e se inclinou para pegar minha bagagem no carrinho. Eu fui mais rápido, ergui a pesada mala, para surpresa do motorista. Surpresa que se transformaria em contida raiva: o carrinho, livre da bagagem e sem ninguém a segurá-lo, começou a se movimentar pelo desnível da calçada e acertou em cheio a lanterna traseira direita do automóvel. Os cacos no chão, a mala na minha mão e, no olhar do motorista, a vontade de dizer “faz a tua que eu faço a minha!”. Mas, afinal, qual é a minha?

Nota mental para uma próxima vida:
Ser mais objetivo, antenado nos negócios.
Ler mais contratos e menos livros.
(putz, fiquei deprimido só de escrever isso).

Porra, agora me deu um branco! Não lembro se, naquele livro do Kafka, o cara não conseguia se afastar ou se aproximar do castelo. E seria mesmo um castelo? Do Kafka, acho que era. Tenho memória visual, impossível esquecer a capa com dois “K” e dois “A” separados por um “F”.

Minha mãe, para se lembrar de um número de telefone, faz um gesto amplo com as mãos no ar. Reproduz, em escala maior, a posição dos números no teclado do aparelho. Quem vê, pensa que ela está benzendo a sala com um sinal da cruz deformado. Minha vó, à medida que envelhecia, esquecia o idioma português e retornava ao italiano. Já contei isso? Foi mal, tinha esquecido.

E o branco, hein? Ficou a ideia de um cara condenado à periferia. Mas, afinal, ele queria chegar ou sair do castelo? Não era o mesmo cara que, um dia, acordou barata, né? Esse é outro Kafka. Acha que eu deveria conferir no Google antes de lançar este livro? Pra não gastar papel com dúvidas? Afinal, que formato tomou o texto? Papiro? *E-book*?

Nestes tempos sem tempo, onde a resposta está a um clique, convém preservar o lapso, o engano, essas espécies em extinção. Nem que seja para facilitar a vida dos psicanalistas e de quem acha que nada é por acaso.

caudilho caduco tropeça no verso
belo papel! cordel kill bill

O ex-jagunço Riobaldo, no *Grande Sertão: Veredas*, pontuava seu monólogo com o desabafo "viver é difícil", né? Ou era "viver é perigoso" que ele repetia? Eu sei, eu sei, acha mesmo que eu deveria buscar no Google. Fala sério... Isso qualquer um pode fazer. Eu quero mais é mastigar essas dúvidas.

Timbrar uma guitarra não é perigoso. É difícil. Muito difícil. Se for uma Fender Stratocaster, mais ainda. São cinco opções de captação, mais controles de grave e agudo. Mais a diferença que faz a posição onde a mão faz a corda vibrar. Mais a possibilidade de usar palheta, ou dedo, ou unha. Sem falar nos amplificadores e efeitos. Várias variáveis. É difícil. Não, perdão, permita-me refazer a frase: é fácil ou impossível. Ou rola de cara ou não vai rolar. Viver é perigoso. Viver é difícil. Às vezes.

Foi difícil quando uma rádio de São Paulo me convidou para comentar a semifinal da Copa Libertadores de 1999. Palmeiras e River Plate no Parque Antártica. Pensei que seria tranquilo, a gente vive mesmo fazendo teses sobre futebol. Nada disso: com a necessidade de falar linearmente, coerentemente, sobre uma paixão, porra, me deu um branco! De uma hora para outra, os pensamentos não se encaixavam. As sensações não se conectavam. Eram ilhas incomunicáveis. Eu não sabia o que achava.

Quem foi o pior jogador? Quem foi o melhor? Quem merecia o quê? Nada disso eu sabia. O jogo, para mim, havia se transformado numa instalação de arte ultra-pós-moderna em alguma bienal metida à besta. Sem *release* do suposto artista genial para me guiar. Eu não tinha noção do que estava vendo. Nunca formular uma frase me pareceu tão difícil. Viver é difícil mesmo, Riobaldo. É mais fácil na mesa de um bar. Menos perigoso.

seria mais fácil fazer como todo mundo faz
sem sair do sofá, deixar a Ferrari pra trás
como todo mundo faz
o milésimo gol sentado à mesa de um bar

Lembra do menino que fingia ler jornal? Aquele que queria fazer gol e pegar pênalti num mesmo GreNal, lembra? Pois ele continua sem saber onde é jogada a melhor partida de futebol. No campo, numa crônica bem escrita ou numa emocionada narração?

Sou grande fã das transmissões esportivas por rádio. Se narrador e repórteres forem talentosos, elas parecem óperas improvisadas. O cara que joga bem no campo, joga muito melhor no rádio. Quem joga mal no campo é uma calamidade no rádio.

Tentando ouvir os jogos do meu time geograficamente muito longe do estádio e tecnologicamente muito longe da internet, descobri que uma pequena dificuldade em sintonizar a estação enriquece de drama o espetáculo.

Quando os Engenheiros do Hawaii foram tocar no Japão, em 1993, já saí de casa com uma ideia: comprar um rádio suficientemente potente para que eu pudesse ouvir os jogos do Grêmio, mesmo morando no Rio. Comprei o que havia de mais moderno, mas não adiantou. Talvez por morar num prédio incrustrado num morro, na Lagoa Rodrigo de Freitas, a transmissão começava ruim e ia piorando. Eu esticava uma enorme antena, o ouvido ia se acostumando, pescando uma ou outra expressão, supondo um ou outro lance. Mas, na verdade, o som era o mesmo de um ovo sendo fritado.

Mais uma diferença sintomática entre a tecnologia analógica e a digital. No reino digital, ou as coisas acontecem super bem ou não acontecem. Se conectar, o som vai ser perfeito. *Se* conectar. No reino analógico, há vários graus de sucesso ou fracasso. Um bombril na ponta da antena pode melhorar a recepção. Um pouco. Pode até acrescentar um pouco de drama. Se é que alguém quer acrescentar drama ao fim de um, já dramático, segundo tempo.

No Rio Grande do Sul, temos um rádio esportivo muito bem feito. Resultado da simetria imposta pelas paixões azul e vermelha.

Transmitem-se dois jogos simultaneamente. Uma ópera dodecafônica. Música. Tão música, quanto o falar de Riobaldo... Quem era mesmo Riobaldo? Jagunço ou gaúcho?

Bem que me avisaram para fazer fichas dos livros que li. Não comprei a ideia. Pensei que seria trabalho em dobro: esquecer a história e esquecer onde foi que guardei a droga da ficha. Eu sei, deveria estar dentro do livro. Mas...

No mais, sou organizado. A ordem dos livros na minha estante não é muito ortodoxa. Mistura a nacionalidade do autor com o formato físico do livro, principalmente a altura. Eu, ao menos, consigo achar os exemplares que procuro. Sem muito esforço.

Durante o ano, vou anotando os títulos que me interessam, as recomendações que recebo. Com relativa sutileza, sugiro a meus familiares que seriam ótimos presentes de Natal ou aniversário. No meu caso, trata-se da mesma data. Assim, fico com o resto do ano livre para ser surpreendido por livros que... Pintam.

não foi por mal
não foi por nada
nada foi por acaso

Nota mental para uma próxima vida:
Parar de ler se o livro não está legal.

O primeiro livro que comprei foi O *Lobo da Estepe* (Hermann Hesse). Só comprei porque ele havia inspirado o nome da banda Stepenwolf. Foi uma porta musical para o mundo dos livros. E a banda nem era muito importante para mim.

Quando encontro pessoas que leram Albert Camus porque o disco A *Revolta dos Dândis* deve a ele seu título, fico me sentindo um pouco Stepenwolf . É um pequeno susto. Menor do que o susto que levei quando descobri que *O Lobo da Estepe* também foi uma primeira leitura para Clarice Lispector. A mesma porta se abrindo para espaços distintos.

Ao primeiro Hesse, se seguiram outros livros dele, por sorte, encontrados na biblioteca do clube onde eu jogava tênis. Uma biblioteca com poucos livros, mas com muita luz natural. Encontrar livros que me interessassem ali, era como ouvir a música desejada no rádio. Feliz acaso. Sensação de que tudo conspira a favor.

O que me levou pela primeira vez àquela biblioteca foi um livro sobre tênis. Olha a porta, a isca, aí de novo. A banda The Doors tirou seu nome do livro *As Portas da Percepção*, né? Aldous Huxley também estava no fichário daquela biblioteca estranha, feita só de livros doados pelos sócios.

Coisa bem boa procurar no fichário, chulear que o livro desejado não estivesse na rua! Conferir, no cartão colado na contracapa, a data de entrega; imaginar por que uma pessoa teria retirado tantas vezes o mesmo romance. Seria possível seguir os passos do livro, imaginá-lo, andarilho, em diferentes casas.

Os livros foram se adaptando à minha raqueteira, convivendo bem com as bolinhas e o pó de tijolo que, às vezes, coloria as páginas. Se as quadras estivessem cheias, se começasse a chover, eu tinha para onde ir, sem sair do lugar.

Por um motivo parecido, os livros eram muito presentes, também, nas férias de verão da minha infância. Infância anterior à maravilha do protetor solar. Eu chegava à praia, passava o primeiro dia inteiro jogando bola, ficava completamente queimado de sol e a semana se seguia, obrigatoriamente, à sombra, lendo. Com livrarias precárias e sem biblioteca por perto, lembro de ter passado um veraneio inteiro lendo Agatha Christie.

Esses livros da minha infância eram, fisicamente, feios. Apesar de uma ou outra capa com desenho legal (*Mês de Cães Danados*, do Moacyr Scliar, por exemplo, até era tatuável). Lembro de ter comprado uma coleção em que, irritantemente, não havia dois livros do mesmo tamanho. Muitas folhas eu tive que separar com uma faca. Bordas ásperas, cola e costuras que se desfaziam na primeira leitura.

Esses livros da minha infância são, fisicamente, lindos. Meu *Lobo da Estepe* se mantém uno por uma sucessão de camadas de fita durex. Só o passar dos anos ensina que até o durex é transitório. Quando a gente aplica a fita, ela parece segura e permanente. Nada disso. Com o tempo, ela também dança. Meu *Lobo da Estepe* pode ser visto como se vê um tronco de árvore cortado, cada anel significando um ano. Uma fatia da Terra onde se conta o tempo geológico.

Minha assinatura nos livros também testemunha passagem de tempo e busca de identidade. Começa como imitação da assinatura do meu pai, passa a ser imitação de letra de arquiteto e chega ao que é agora, que não sei bem o que é, que deve ser o que sou. Isso falta aos livros de biblioteca: na primeira folha, a assinatura de quem os leu.

Hoje, livrarias e livros estão tão bonitos! Parecem viver um momento especial, ocupando um pouco do espaço dos discos, que Deus os tenha. Talvez os livros sejam os próximos a fazer a travessia. E talvez o mundo virtual seja mais ecologicamente correto. Pra mim e para minha geração, discos e livros eram testemunhas físicas de nosso crescimento. Cada palmo conquistado nas prateleiras da casa correspondia a um mundo interior mais rico. Difícil de medir em *bytes*.

entenda meu corpo (batimentos por minuto)
minha stória, meus quilômetros por hora
entenda meu canto, meus tantos por cento
meus contos de réis (tantos por mês)

Livros comprados, livros de biblioteca e livros emprestados são coisas completamente diferentes. Cada uma com seus atrativos. Os emprestados são os mais estranhos. Sempre trazem um pouco de catequese. Os olhos de quem emprestou vêm junto. A leitura carrega a perspectiva de um futuro diálogo: "E aí, o que achou?". Sem falar no pecado mortal que seria não devolvê-los. Tirando todo esse peso, há sempre o bom astral da atitude generosa.

Voltando ao capitalismo, eu costumava ir ao colégio caminhando para, no fim do mês, usar a grana do ônibus na compra de algum disco ou livro. Depois do sacrifício, a identificação era tão grande que me sentia coautor. Uma questão pessoal. Admitir o vacilo na compra? Jamais.

Eu sei que a vida é curta e há muitos livros bons por aí, mas quer saber? Eu nunca interrompo a leitura. Por maior que tenha sido o engano na escolha, eu sigo. Pode ser uma experiência legal ler um livro do qual não se está gostando. Alguns livros mal escritos são tão frágeis e indefesos que chegam a comover. Não entender muito bem o que está escrito, também pode ser interessante. Combinei comigo mesmo: passando da página 15, eu vou até o fim.

Lembra do menino que fingia ler jornais antes de ser alfabetizado? Pois é, o menino deve ser, mesmo, o pai do homem.

Jorge Luis Borges andou rondando minha morada, mandando sinais de que queria ser lido na madrugada. Por sorte, havia um estoque na estante. A vontade de sacar qual era a dele se tornou maior do que a preguiça de entrar numa sala forrada de espelhos, labirintos, bibliotecas infinitas, pontos onde tudo se concentra, duplas existências, tempos bifurcados e xucros punhais. O tal universo borgeano.

Comecei pela *História Universal da Infâmia*, que carregou minhas baterias para encarar ficções. Fascinado pela leitura da primeira metade do livro, me surpreendi na sequência: apareceram trêmulas linhas de lápis sublinhando frases, e asteriscos ressaltando parágrafos. Não demorei para sacar que os traços eram meus. Putz, eu já havia lido o livro que pensava estar lendo pela primeira vez!

Ler pela primeira vez o que já havia lido foi um desfecho bem borgeano. Literatura batendo bola com a realidade. Nada mal para um cara que não é do meio.

fala agora, onde está quem está no seu lugar
no espelho, na estrada, esperando o inesperado

Borges por Borges, vou cometer a deselegância da comparação desnecessária: prefiro o Luiz Carlos, com quem tive o prazer de gravar *Coração de Luto* em um CD/DVD que homenageia Teixeirinha.

Nos bastidores de um show do Pouca Vogal, perguntei para o Borghettinho se o nome dele tinha a ver com Borges. Naquela excitação de camarim pós-show, com um monte de gente falando ao mesmo tempo, não entendi a explicação. Parece que não há ligação nenhuma entre os nomes Borges e Borghetti.

História idêntica, ao contrário, aconteceu comigo e o poeta Wally Salomão. Ele estava acompanhando Gal Costa numa sessão de fotos para uma revista. Eu seria o próximo fotografado. Ali, na espera, ficamos conversando. Wally, performaticamente veloz, desenvolveu teses a respeito de meu sobrenome, mas sempre partindo da premissa errada de que era Guessinger, com "U" e de origem inglesa. "Guess!" Ele delirava: "Guessing... singer... o cantor que conjectura!".

Nota mental para uma próxima vida:

Falar mais devagar, digitar com mais atenção,
reler antes de postar,
escrever de forma legível, pensar antes de falar,
falar mais devagar...

Ainda que não me encaixe no grupo dos gaúchos que falam "sumercado" em vez de supermercado, "quardistrito" em vez de quarto distrito e "tercional" em vez de Internacional, confesso que, às vezes, transformo restaurante em "restaura" e refrigerante em "refrí". Também é possível que eu deseje felicidades dizendo "tu-di-bom". Seria bom baixar alguns pontos do BPM, girar menos rotações por minuto.

Nos anos 80, quando ainda não me conheciam direito (algum dia conhecerão?), sempre achavam que eu estava sob efeito de algum acelerador químico. Logo eu, devoto dos chás de menta e hortelã!

Tudo bem se a digitação transformar *Pra Ser Sincero* em *Prazer Sincero*. Só não pode transformar *Simples de Coração* em *Simples Decoração*. É bom ficar ligado para que *lesma lerda* não vire *mesma merda*. Uma digitação afoita pode transformar uma coisa fofa numa coisa foda. Estão ali, "D" e "F", lado a lado no teclado.

Quanto à minha letra, não tenho esperança de torná-la legível nem em uma próxima vida. Quando comecei a gravar recados para mim mesmo, senti que estava cometendo eutanásia, dando a extrema-unção à minha caligrafia. Ah, como eu queria de volta as horas que perdi tentando ler o que havia escrito em pedaços de papel mal rasgados na noite anterior...

Essa nota me veio à mente na academia, malhando. Atividade física sempre me sugere ideias. Gravei um resumo no celular. Agora, transcrevo ouvindo minha voz ofegante.

Descobrir a que velocidade, com que tom, para quem e quando queremos falar, é tarefa para uma vida. Não sei sobre quais desses fatores temos domínio, ou, ao menos, influência. Sei que o Borges argentino escreveu: "Saber como fala um personagem é saber quem é. Descobrir uma entonação, uma voz, a sintaxe particular, é ter descoberto um destino".

Putz, preferia descobrir quem sou e qual meu destino por outros meios, que não minha fala. Não poderia ser através dos búzios, runas, horóscopo, borra de café?

eu tive um sonho, há muito não sonhava
lembranças do futuro que a gente imaginava

Falar do passado ou do futuro é a melhor forma de descrever o presente.

Seja o astronauta falando com o computador HAL em *2001-Uma Odisseia no Espaço*, seja o detetive falando com o replicante em *Blade Runner*... Sejam os Flintstones ou os Jetsons.

A noite de ano-novo sempre me parece mais difícil do que a de Natal. Em 31 de dezembro, Papai Noel já se mandou. A gente fica meio órfão: a quem devemos encaminhar nossos pedidos para o ano que entra? De quem devemos reclamar os galhos do ano que sai? Do papa, do presidente, do roadie *ou do centroavante?*

Essa falta de um encarregado oficial faz com que a noite de ano-novo fique dominada pela 1ª pessoa do singular, fica tudo parecido com aquele papo: "Pra mudar o mundo mude, antes, você mesmo", "pensar globalmente, agir localmente", etc.

Sendo assim, eu me prometo um ano de 1991 muito mais suportável. Não preciso de muito: não quero cair de paraquedas no primeiro mundo (odeio alturas e, principalmente, quedas). Não quero que o Paul Simon descubra o folclore gaúcho. Pra ser sincero, só preciso ter a impressão de que a carroça está andando pra frente.

Há alguns indícios de que a coisa pode melhorar: todos os meus amigos que achavam que a única saída para o Brasil era o Galeão já estão lavando pratos em NY ou tocando berimbau em algum país social-democrata de verdade. Se todo mundo que se acha injustiçado por ter nascido no Brasil se arrancar, vai ser uma boa. Talvez fique faltando gente pra escrever sobre música pop, mas acho um preço justo a se pagar. Barato, quase de graça.

No mais, de minha parte, o ano seria muito bom se o Grêmio Fucking Blues Porto-Alegrense fosse campeão brasileiro, se os Engenheiros do Hawaii gravassem mais um disco igual aos outros (talvez mais igual do que os outros), se o Henry Maksoud ganhasse um espaço diário na MTV e se o presidente Collor criasse um Ministério da Educação. Só. Ou quase...

Este texto foi publicado no Jornal do Brasil numa daquelas matérias sobre virada de ano. Pra contextualizar: o neoliberalíssimo empresário Henry Maksoud tinha um programa sobre economia na TV. Paul Simon estava "descobrindo" a música de outros povos, que a cultura pop, americentrista, sempre acha exótica. Collor foi o desastre que imaginávamos que seria, inclusive na educação. Inacreditavelmente, o Grêmio cairia em 91 para a segunda divisão. Para compensar esta tristeza, os Engenheiros do Hawaii gravaram um disco igual aos outros: Várias Variáveis.

No fim de uma sessão de gravação do disco *Várias Variáveis*, fui despejar a erva do mate num vaso, pensando que enriqueceria de nutrientes a terra. Um assistente do estúdio veio correndo e gritando "Nããããããããoooooo!". Aquela planta era de uma grande diva da canção popular que estava gravando no turno da manhã. Tinha a ver com alguma religião que desconheço. Tarde demais, a erva-mate já tinha ido. Limpamos do jeito que deu. Brinquei com o assistente: daqui pra frente, nossas vidas vão ladeira abaixo. Graças a Deus, a única mudança que ocorreu na minha vida é que nunca mais consegui limpar uma cuia de chimarrão sem me lembrar de certa diva da canção popular.

Quando Clara, minha filha, ouviu falar de Chico Xavier pela primeira vez, ficou muito impressionada, me perguntou o que eu achava. Falei que achava que ele usava peruca. Ela ficou indignada com minha observação. De fato, peruca ou cabelo, é irrelevante diante do bem que ele fez. Acrescentei: "Claro, nenhum problema se ele usa peruca. Heidegger se benzia sempre que passava por uma igreja". Aí ela me deixou falando sozinho, com meus fantasmas. Vaidade, generosidade. Racionalismo, religião.

a gente busca simetrias
porque a vida manca

Nota mental para uma próxima vida:
Cineminha, ao menos uma vez por semana.
Chocolate, só uma vez por semana.

Entre tantos clichês da crítica musical do anos 80, dois eu achava especialmente engraçados. No primeiro, usavam o termo "música para dançar" como algo pejorativo. Esse clichê já dançou, poucos lembram dele. No segundo, que parece ainda persistir, elogiavam a letra de alguma canção por evocar "imagens cinematográficas".

Se, de fato, existe a tal imagem cinematográfica, eu a vi da janela de um táxi no Rio de Janeiro em 1999. Para as gravações do disco *!Tchau Radar!,* eu havia agendado estúdio para o período do carnaval. Por quê? Para me sentir fora do mundo, numa nave. Trabalhando durante o reinado de Momo, no seu castelo, a Cidade Maravilhosa. Deixávamos as TVs do estúdio sintonizadas no carnaval o tempo inteiro. Sem som, o que aumentava o mistério das danças e fantasias.

Pela janela do táxi, a caminho do estúdio ou voltando para casa, eu via passistas fantasiados, indo ou voltando do sambódromo. Era surreal. Poses que nada tinham a ver com a fantasia: esperando ônibus, comendo um sanduíche, dormindo num banco de praça. Pensando bem, surreal era eu, no táxi.

dançamos no silêncio
choramos no carnaval
não vemos graça nas gracinhas da TV
morremos de rir no horário eleitoral

Não gosto de ir ao cinema. Sentar naquela arquibancadinha pra ver a reprodução de uma gravação, coisa que se repetirá em várias salas mundo afora, me deixa claustrofóbico. Minha mão fica encharcada de suor procurando um controle remoto. *Pause, FastForward* e *Rewind*, por favor. Meus dedos coçam de desejo pelas páginas de algum livro.

Encaixotar um cara no escuro, definir o que ele vai ouvir, direcionar seu olhar para determinado objeto, em determinada distância, não me parece o meio adequado para investigar nuances, sutilezas, humanidades. Estou sendo simplista, eu sei. Às vezes, é bom ser. Como sempre, o raciocínio sobre as causas veio depois, é claro. Primeiro rolou um gradual afastamento da tal mágica sala escura.

Não sou conhecedor da legislação universal, mas suponho que seja delito grave não gostar de cinema. Preciso de um álibi. Ah, lembrei de um filme legal: *Os Excêntricos Tennenbaum* (*Royal Tennenbaums* é o título original. Royal é o nome do patriarca de uma família de crianças superdotadas. Aí já se perdeu alguma coisa na tradução.). Deve ser o que chamam uma fábula bem-humorada. É bonito, nas cores e nos enquadramentos, quase todos absurdamente simétricos. Canções bacanas fazem parte da trilha sonora, inclusive *Wigwam*, um tema instrumental (!) que Bob Dylan gravou no estranho disco *Self Portrait*.

Pelo amor de Deus, não vá parar de ler para baixar o filme! Ainda que minha tese sobre a banda que resume o rock'n'roll me coloque como favorito a ganhar o Prêmio Nobel (em qualquer categoria), o mesmo não se aplica ao que penso sobre cinema. Não tenho a menor noção do que significam os poucos filmes que vejo. Esse, especificamente, não sei como se enquadra no quadro geral da sétima arte. Como dialoga com outros filmes? Qualé a dos atores e diretor? Não faço a menor ideia.

O que me fez ver a saga dos Tennenbaum foi um detalhe no cartaz: um personagem usando o uniforme do tenista Bjorn Borg sob um blazer. Ele passa o filme inteiro, da infância à maturidade, com o uniforme. A direção de arte é uma delícia para quem acompanhou os anos áureos do tênis na década de 70. Além de Borg, o argentino Guillermo Villas é citado nos uniformes e na raquete. O tal personagem, um prodígio do tênis, desmorona durante uma final de campeonato. Entrega o jogo, tira o uniforme, se deita no gramado da quadra.

quero explodir as grades e voar
não tenho pra onde ir mas não quero ficar

São fascinantes os esportes individuais. Apesar de não gerarem a mesma paixão que torcer por algum clube ou nação gera, eles são insuperáveis na dramaticidade. A pressão sobre tenistas, boxeadores, jogadores de sinuca, enxadristas e outros atletas solitários é insuperável. Às vezes, insuportável. Com ciúme, o futebol criou a posição de goleiro para ser, por breves instantes, um esporte individual.

Sem uma equipe na qual diluir a natural decadência, todo atleta individual, se for honesto, acaba sua carreira por baixo. Com olho roxo, se for boxeador. Se for tenista, perdendo para alguém pior, mas com pernas mais jovens. Na sinuca, mastigando um cigarro que mãos trêmulas levaram à boca. No xadrez, sofrendo uma estafa que o fará ver as peças se moverem sozinhas. Se não vivêssemos numa sociedade infantilmente escrava da vitória, apreciaríamos essas derrotas como representações do ciclo natural da vida.

a bola da vez brilha em teu olhar
matar ou morrer é a impressão que ela dá

Num estúdio, em Los Angeles, li uma placa que poderia ser traduzida assim: "Relaxe senão, conseguiremos alguém para relaxar no seu lugar". Quer deixar alguém tenso? Diga para ele relaxar (Quer contar uma piada para Deus? Faça um plano). É a sina de quem depende do sutil equilíbrio entre inspiração e transpiração. *Grace under pressure*. A sina de quem ouve vozes. Vozes que nem sempre soam quando são esperadas. Uma interessante família espiritual vive disso. Ainda que a arte não tenha objetivos lineares como o esporte, em inglês, com a mesma palavra (*play*), se joga tênis e se toca guitarra.

força e delicadeza, sonho e precisão
seja firme, seja leve, seja breve

Os profissionais já avisaram, várias vezes, para tomarmos cuidado com analogias. As que ligam esporte e arte devem ser, mesmo, perigosas. Mas fico aqui, pensando, conversando com meus fantasmas, comparando o desenho de algumas carreiras...

A *inteligentsia* sempre prefere o Bob Dylan anfetaminado dos anos 60, o John Lennon antes da Yoko e o Elvis Presley antes do exército. Raciociniozinho bem linear. Também gosto deles. Mas continuo gostando do Lennon no piano branco, do Elvis em Las Vegas e do Dylan fazendo o que pode com a voz que restou, na *Never Ending Tour*. Periga, até, gostar mais.

O desenho da carreira do Dylan é uma obra de arte em si. É o único cara que fez um *downgrade* consciente. Não quis mais transcender a música *folk*, que ele mesmo havia transformado e transcendido. Depois da fase estranha dos anos 80, se curvou à tradição *country* até no seu figurino: chapéu e camisa de *cowboy*. Ele poderia estar posando de eterno jovem, todos iriam adorar e fazer de conta que acreditavam. Mas ele é tenista, boxeador, enxadrista e jogador de sinuca. Vida eterna!

Talvez eu tenha exagerado. Outros caras também levaram suas carreiras à margem do babaovismo, sem tietar seu próprio público, grana e sucesso. Cat Stevens me vem à mente. Yusuf Islam me vem à mente.

É, talvez eu tenha me emocionado demais. Nunca soube qual a medida da emoção.

Remédio ou veneno, a diferença está na medida. Mas cá pra nós, é bom um exagero ou uma carência de vez em quando.

Nota mental para uma próxima vida:
Se quiser passar vários anos na estrada,
não fique olhando para a faixa amarela no asfalto, enjoa.

Chega de nacionalismos. Imagine *Imagine*, do John Lennon: um mundo sem fronteiras. Na Copa do Mundo, as seleções deveriam ser formadas em função dos patrocinadores esportivos dos atletas. A final, imagino, seria Nike x Adidas. Uma opção: dividir as seleções pelo signo zodiacal dos jogadores. 12 times. Pelé, Maradona e Garrincha são de Escorpião... Forte candidato ao título.

Nascido em 24 de dezembro de 1963, tenho 12 Copas do Mundo de vida. Sete delas, vi como músico profissional, as outras cinco, sonhando ser músico profissional. Ah, os profissionais...

Inglaterra-66: gugú dadá buaaaahhhh gugú dadá.

México-70: primeira lembrança, mas ainda não dos jogos. Me levaram ao aeroporto assistir à chegada do Everaldo, gremista e único gaúcho do time.

Alemanha-74: foi a Copa em que vi TV colorida pela primeira vez. Rivelino, com bigodão e meias displicentemente arriadas é, desde então, meu jogador favorito de todas as seleções brasileiras.

Argentina-78: os jogos voltaram a ser em preto e branco. Meu pai estava doente, a TV portátil do hospital não tinha cores. Como todo evento massificado, as Copas do Mundo geram celebridades instantâneas. Quem for minimamente parecido com algum jogador em evidência, ganha o apelido. Tive vários desses apelidos, infelizmente, sempre pelo visual, nunca pelo meu futebol. Nesse ano, me chamavam Beto Kempes.

Espanha-82: eu já era estudante de arquitetura e fazia alguns bicos como desenhista. Ouvi os jogos debruçado sobre a prancheta. Littbarski foi o apelido da vez. Gostaria que fosse pela qualidade desse atacante alemão com habilidade de sul-americano. Mas devo reconhecer que o infame corte de cabelo *mullet* deve ter sido a razão.

México-86: minha primeira Copa como um Engenheiro do Hawaii. O Brasil perdeu para a França na véspera de um show em Florianópolis. Saí para caminhar depois do jogo. Estranho. Tristeza não combina com aquela ilha.

Itália-90: na estrada direto, vi a abertura em Cuiabá-MT. Alguns jogos acompanhei em Rio Branco-AC, Porto Velho-RO, Manaus-AM... A desclassificação do Brasil, sofri em casa mesmo. Tive que carregar, por alguns meses, o apelido Caniggia.

Estados Unidos-94: o mesmo fornecedor das camisas da seleção me patrocinava, o que deixava nossa equipe técnica muito contente

e sempre uniformizada. O zagueiro americano Lalas, com seu cavanhaque, foi o apelido da vez.

França-98: uma Copa com poucas lembranças. Ano sem disco, mas com muita estrada. O asfalto deve ter corroído minha memória.

Coréia/Japão-2002: encerramos uma temporada em São Paulo na véspera da final. Meu voo de volta a Porto Alegre foi imediatamente após a vitória sobre a Alemanha. O avião, de tão alegre, parecia poder voar sem combustível. Por algum tempo, algumas pessoas me chamaram de Oliver Kahn.

Alemanha-2006: Zidane acabou, de novo, com a gente! Fiquei olhando todas as repetições do gol francês nas resenhas esportivas da TV porque parecia haver uma bandeira com a engrenagem do disco *Alívio Imediato* atrás do gol.

África do Sul-2010: esta Copa, que me pegou na estrada com o Pouca Vogal, foi feita para que todos jogássemos fora nossas TVs e entrássemos, triunfalmente, no reino da alta definição. Os jogadores do Brasil se revezavam nas propagandas de cerveja e dos novos aparelhos de tela plana, *led*, plasma, *HD*, sei lá o quê.

estou ligado a cabo
a tudo que acaba de acontecer

Pela dialética da moda, na qual a contramão é o caminho oficial, comecei a notar uma tendência *low tech* no design de algumas camisas de clubes. Primeiro, foi o número pixelado nas camisas do Grêmio. Depois, as listras da camisa da Juventus, que eram rendilhadas, simulando uma foto com baixa definição que fosse ampliada mais do que o aconselhável. Por último, na camisa da Inter de Milão, onde azul e preto se sucediam, simulando uma imagem de TV mal sintonizada.

Quando me perguntam por que, gradualmente, fui fazendo menos colagens de áudio nas minhas músicas, penso na dialética.

A contramão como caminho oficial. Com os equipamentos digitais ficou tão fácil e tão insignificante! As madrugadas cortando fitas com Gillete e mixando em tempo real acabavam, de alguma forma, fazendo parte do som.

É a velha história: a estrada é tão importante quanto o destino. Às vezes, acho objetividade um saco. Nos mesmos momentos em que acho que os excessos barrocos estão na medida certa.

Qualquer tentativa de mensurar o tempo acerta e erra por igual. No lugar das Copas, eu poderia usar, para medir minha vida, a linha sucessória dos presidentes do Brasil ou dos Estados Unidos, por exemplo. Alguns países não podem ser usados como trena por terem tido, nesse período, um número de presidentes maior do que o recomendado ou menor do que o necessário. No meu tempo de estudante, era assim na América Latina. Tempo demais, ou de menos, no poder.

Escalas alternativas para medir minha vida: o nome dos tenistas que dominaram o ranking mundial ou o tamanho dos calções e camisetas que eles usavam. Não, talvez os uniformes não sejam uma boa escolha. A moda é cíclica, o esporte é linear. Os calções justos dos anos 70 podem voltar à moda, mas Bjorn Borg e Jimmy Connors nunca mais vão liderar o ranking.

eu sou velho, meu velho, tão velho quanto o mundo
eu sou moço, seu moço, e o poço não é tão fundo

Ao ler o sobrenome da minha mãe, o caixa do banco perguntou se ela era minha vó. Não chegam a me perguntar, mas acho que algumas pessoas, de tanto ficar olhando a capa de algum disco antigo, gostariam de saber se sou meu pai. Com sorte e com o passar do tempo, chegará o dia em que teremos, todos, a cara dos nossos avós.

A não ser que façamos como os políticos estão fazendo. Chegam ao fim da campanha mais jovens do que começaram. Todos com os mesmos dentes brancos e os mesmos sorrisos e ideias botoxados.

Uma pena. As definições de esquerda e direita, que parecem não valer mais na economia e na política, poderiam encontrar refúgio em questões éticas e estéticas. Contra a extinção do cabelo grisalho! Contra o medo das rugas, que nada mais é do que medo da vida! Contra o medo. Não era assim? Pela generosidade, esquerdas...

Se a banda em que tu tocas faz sucesso, e se chamam o som que ela faz de rock, podes crer que és um candidato ao cargo vitalício de "jovem". Alguns caras da minha geração aceitaram, envaidecidos, a incumbência. São os *enfant terrible* veteranos, os jovens de plantão. Por ser capricorniano, escapei da tentação. Dizem que já nascemos velhos.

Eu compararia esses colegas a Dercy Gonçalves. Com infinita vantagem para a original, claro. Sob um patético véu de transgressão, eles faziam um simulacro do som gringo da hora (qualquer que fosse a hora), apostavam no quanto-pior-melhor e rosnavam palavrões inofensivos. Para algumas pessoas, e algumas pessoas esclarecidas, bastava.

Nota mental para uma próxima vida:
Aprender com a natureza.
Meus cães, por exemplo: eles só comem e dormem
(e não têm animais de estimação).

Se aquecimento global, mudanças climáticas, *el niño* e *la niña* já causam problemas na terra, imagine nos céus, dentro de um avião! Numa véspera de voo, fui checar as previsões da meteorologia e li, pela primeira vez, a expressão "tempo severo". Estava ilustrada por um desenho de nuvens carregadas. Apesar da má notícia, gostei de "tempo severo". É sempre bom quando termos técnicos soam poéticos.

Quando perguntam sobre nossos escritores favoritos, geralmente vem à mente romancistas, poetas ou filósofos. Talvez seja por isso que eu sempre me esqueça de falar dos livros do Stephen Jay Gould. São livros de divulgação científica. Fundamentais para que nós, mortais, tenhamos ao menos, uma noção do que se passa lá em cima, na ciência. Ele era paleontólogo e biólogo evolucionista. Fã de beisebol, suavizava seus artigos científicos acrescentando pitadas de esporte, arte e cultura pop. Tribom.

Acho que foi de um de seus livros que tirei uma imagem que uso com frequência: a evolução seria como uma pirâmide, ou uma dessas escadas de abrir. Lá embaixo, nos primeiros degraus, grandes saltos são bem vindos. À medida que subimos, os saltos devem ser menores para não passarmos do topo. Se isso acontecer, podemos acabar lá do outro lado da escada e abaixo da altura do degrau original. Mixar uma música tem muito disso. No início, vamos que vamos. Na reta final, cuidado com os volumes! Só toques de leve.

Andei sofrendo falta de ar uns tempos atrás. Fui ao médico, fiz exames, e não apareceu nada de errado. Lamentando os rigores do inverno porto-alegrense, o doutor me receitou remédios pra dormir. Disse que se tratava de "apneia suspirosa". É sempre bom quando termos técnicos soam poéticos. Fiquei tão fascinado por "apneia suspirosa", que nem cheguei a me chatear com a receita de tranquilizantes.

Não sou muito chegado no reino da química. Voltei pra casa pensando se deveria comprar os tais remédios. Foi meu cachorro que matou a charada: mal coloquei a receita sobre a mesa da sala, ele a pegou e mastigou inteira. Era um papel cinza e, a julgar pela velocidade com que foi trucidado, devia ter gosto de bacon.

apneia suspirosa
lacrimosa de Chopin
ladeira abaixo, ela vinha
minha ladainha, rolimã

Temos dois cães aqui em casa. Ainda não tenho certeza de que são mesmo cachorros, me parecem burros demais para serem mamíferos. Stephen Jay Gould poderia me ajudar numa investigação sobre o que são, realmente, Bóris e Laika.

Independentemente da posição deles no reino animal, são muito queridos. Fazem companhia na madrugada. Para não acordar ninguém, tenho que chamar a atenção deles sussurrando seus nomes. Então, sou imediatamente transportado para uma reunião clandestina na Rússia pré-revolucionária. Eu, Umbertsky e os destemidos camaradas anarquistas, Laika e Bóris, tramando baixinho para não sermos descobertos. Tomaremos o poder e distribuiremos Ração Purina para os companheiros oprimidos pelas forças do Czar.

Em 1989, os Engenheiros do Hawaii fizeram cinco shows em Moscou. Assim como livros sobre Slash e Kerouac cruzaram meu caminho por acaso, a trilha sonora da minha viagem à extinta URSS também pintou sem planejamento. Na correria, antes do embarque, passei por algumas lojas de discos. Nenhuma tinha grande variedade de fitas K7. Sim, uma fita K7 num *walkman* ainda era o suprassumo da portabilidade.

Uma seleção de música barroca gravada pela filarmônica de Berlim, sob regência de Herbert Von Karajan, chamou minha atenção. Me acompanhou na viagem inteira. Sensacional. Hoje, é meu favorito pra puxar ferro na academia. Não gosto de músicas histéricas me incentivando a malhar. Parece contraditório, mas essas gravações com andamento pouco rígido me fazem prestar mais atenção no meu próprio corpo, o que é uma das razões para se fazer exercício.

Reencontrei esse disco, mais de quinze anos depois da viagem, num livro de Norman Lebrecht. Estava num capítulo nada enobrecedor: uma lista das 20 gravações que nunca deveriam ter sido feitas. Segundo o autor, Karajan "impunha à orquestra uma ideia de som antinatural e desprovida de imperfeição humana". O maestro era acusado de patrolar as sutilezas e diferenças dos estilos e períodos musicais. Ainda segundo Lebrecht: "Um concerto de Vivaldi soa bucólico como o motor de uma Mercedes, a música de Corelli soa tão romana quanto um *apfelstrudel,* o Adágio de Albinoni soa como minimalismo dopado e uma majestosa giga de Pachelbel parece uma valsa vienense".

Quem sou eu para falar de música clássica, né? Ainda mais quando os profissionais estão com a palavra. Mas sou descolado nessas paradas, sei que os caras escolhem se vão amar ou odiar o disco muito antes de ouvir. Me atrevo a pensar: será que o fato de alguém colocar fortemente sua característica pessoal nas interpretações, o que é considerado arrogância, não pode ser visto como humildade? Como quem diz "esta é a minha versão, mas é 'só' a minha versão". Buscar uma neutralidade impossível não seria a maior falta de humildade? Sempre desconfiei de quem quer falar por todos e de intérpretes que imaginam poder entrar na cabeça do compositor.

humildade com H maiúsculo e dourado
contra a tradição: a contradição

Por que foi mesmo que comecei a falar disso? Ah, porque essa foi a trilha sonora da minha viagem à extinta URSS e porque é um disco que, até hoje, gosto de ouvir.

UM ROQUEIRO NA TERRA DA PERESTROIKA

Não se assuste se você ouvir o som de uma bateria ou de uma guitarra elétrica ao ler este texto. É que estou escrevendo no estúdio, enquanto os outros Engenheiros do Hawaii refazem alguns rolos de bateria e solos de guitarra do disco que estamos gravando. Guitarras elétricas, samplers, *máquina de escrever elétrica, sabe como é...*

Talvez a guitarra saia no jornal, talvez o texto pinte no disco. Coincidências: o disco vai se chamar O Papa é Pop, *e me pedem pra escrever sobre pop Moscou. O que é que eu tenho a ver com isso? Ah, já estive em Moscou, e tocando música pop, deve ser por isso.*

Acho que quem assiste ao jogo pela televisão pode dizer, com mais exatidão, se foi pênalti ou não. Mas, para passar uma impressão pessoal do jogo, é melhor ter estado lá. Só sei falar sobre Moscou de ouvido. Não entendo muito bem a matemática do que aconteceu lá. Tudo bem, pop é assim mesmo: de ouvido. Lá vou eu, back to USSR.

Quando nos avisaram, em agosto de 1989, que tocaríamos em Moscou e Leningrado em outubro, achamos que era engano. Talvez algum telex de Moscou chamando alguns engenheiros de Havana tivesse chegado por engano à sede brasileira da RCA Victor, coisa de multinacionais... Para nosso espanto e alegria, não havia engano nenhum. Nossa gravadora havia mandado material de todo o seu cast *para um pessoal que trabalhava na gravadora estatal soviética, Melódia. Esses caras, que estavam partindo para a iniciativa privada, nos escolheram pra tocar lá, junto com uma banda soviética que eles empresariavam e que, numa segunda etapa, tocaria com a gente no Brasil. Com a confusão que sucedeu a queda do regime, os shows no Brasil não aconteceram.*

Tratamos logo de retribuir a gentileza: aprendemos algumas palavras em russo (o suficiente para ficar calado), buscamos algumas roupas de inverno em Porto Alegre e traduzimos algumas letras e um histórico da banda para distribuir nos shows. Foi no voo Copenhague-Moscou, olhando as traduções, que tive, pela primeira vez, a noção da distância que estávamos tentando transpor. Tive a impressão de que traduzir algumas letras só iria dificultar as coisas. O que um russo pode entender de uma frase como "a juventude é uma banda numa propaganda de refrigerantes?" Nonsense. O que dizer de três caras que largam um curso de arquitetura e, sem nenhuma experiência musical, montam uma banda chamada Engenheiros do Hawaii? Para um cara que vive numa sociedade planejada, puro nonsense. E se esperassem do nosso show o Brazil-Carmen-Miranda? Mais nonsense. Se há alguma coisa que dá sono num Engenheiro do Hawaii, essa coisa é nonsense. Será que eu teria que passar dormindo os 20 dias que ficaríamos por lá?

Nas primeiras horas em Moscou, nossa cabeça se transformou numa miniatura de um programa de debates na televisão. Desses que falam em "vários segmentos de uma sociedade" e "meus direitos começam onde acabam os seus". Pelo menos, comigo, foi assim. Como num desenho animado, aparece, sobre o ombro direito, um diabinho com a cara do Amaral Neto, sobre o ombro esquerdo, um anjinho com a cara do Jair Menegheli (se for possível um anjo com aquela cara). Entre os dois, rola uma discussão dejà vu *sobre as abobrinhas do folclore Guerra Fria (comida versus liberdade, KGB versus BMW, etc...) ou, mais recentemente, abobrinhas do folclore Perestroika (liberdade* versus *fila, Gorbachev* versus *Yeltsin). Bastam algumas horas de realidade soviética (que já não quer dizer a mesma coisa que realismo socialista) para que se mande pro espaço quaisquer comparações, e para que se jure, pelo que há de mais sagrado, que não tentaremos levar caviar para o Brasil. Nem Big Macs.*

Em princípio, deveríamos fazer três shows em Moscou e três em Leningrado, mas no fim das contas, acabamos ficando só em Moscou, onde fizemos cinco shows num teatro com capacidade para, aproximadamente, 1500 pessoas. Foi durante os shows, assistindo aos russos nos assistirem, que descobri que havíamos subestimado a capacidade deles de ouvir coisas diferentes. Pela simples razão de que nós já não temos essa capacidade. Ouvir, simplesmente ouvir, sem nenhuma especulação, é uma coisa que já não fazemos aqui. Dez segundos de introdução numa música já é uma eternidade, nosso dedo corre e procura outra estação. Roxo, lilás e verde-limão já são tons pastéis. É impossível perdoar ao capitalismo frutos como o Passat Surf e o Chevette Jeans. É overpop. Até o Papa é pop. Robin, o menino prodígio, diria: "Santo Wahrol, 'popman', estamos ficando popsurdos e popcegos".

Não acho que Moscou tenha ficado à margem do pop. A troca da guarda em frente ao túmulo de Lenin talvez não tenha muito efeito para os russos, mas foi a mais emocionante macumba pra turista que eu já vi. E nada mais pop do que o realismo socialista. Aliás, se Stalin tivesse que combater outros Stalins sem usar a força, garanto que também chegaria ao verde-limão e ao rosa-choque. Mas ele limpou a área de outra forma e não precisou ir tão longe esteticamente. Por falar em Stalin, outro dia eu estava em São Paulo e, hospedado no mesmo hotel, havia um coral soviético. Por coincidência (mais uma), eu estava usando uma camiseta com a estampa do Stalin. Era muito engraçada a cara que os russos faziam ao passar por mim. Pareciam dizer: "Êta, paisinho atrasado, ainda acham que Stalin é o cara".

Sem querer voltar a 1968, tive a sensação, tocando em Moscou e assistindo a algumas bandas soviéticas tocar, de que a energia que os caras, lá, não gastam tentando descobrir a diferença entre uma calça

Levi's e uma calça Lee é gasta em coisas mais interessantes, como ouvir ou fazer música. Havia menos ansiedade e histeria no ar.

A banda que dividia a noite com a gente se chamava Tchorni Kofe, o que quer dizer "café preto". É uma banda típica de heavy metal que vende um bocado de discos lá. O som pesado e classicoso, tipo Yngwie Malmsteen e Iron Maiden, é a grande paixão da garotada soviética. Punks, da forma como conhecemos, não existem. A impressão que se tem é que os caras conheceram Scorpions antes dos Beatles. O interessante é que esse tipo de música fica muito melhor cantado em russo do que em inglês. A arte russa, assim como sua história política, sempre foi de grandes gestos, épica, grandiloquente. Guerras, catedrais, revoluções estão no sangue deles. No caminho do aeroporto para Moscou, a gente passa por um monumento que marca o ponto até onde as tropas do exército alemão chegaram na Segunda Guerra. Algumas estações de metrô, construídas durante a mesma guerra, são completamente decoradas com motivos bélicos. Há também a Guerra Fria, o medo da águia, a luta contra o inverno. Junte essas visões e sensações a um pouco de vodca e fica delicioso ouvir heavy metal russo. As letras falam muito pouco de amor ou do cotidiano. De cotidiano, basta o próprio. Um dos integrantes do Tchorni Kofe diz: "O tema da nossa obra é bem definido: saudamos a vitória do bem sobre o mal", e acredita, piamente, nisso. É só ligar os amplificadores, e lá vão alguns garotos soviéticos, netos ou bisnetos da revolução, saudando a vitória do bem sobre o mal. Excelentes músicos tecnicamente, com péssimos instrumentos e equipamentos, alguns discos contrabandeados na cabeça, um pouco de álcool, quase nada de drogas. Engraçado, quando muito pouco é possível, tudo é possível.

Será coincidência? Eles começam a ter acesso à cultura pop americana num momento em que ela já não pensa mais nada, e já sente muito pouco. Como será ouvir Metallica sem saber da existência de Elvis

Presley, depois Beatles, Rolling Stones, Led Zeppelin e Iron Maiden? Deve ser esquisito. O pop star anti-herói, tipo do cara que infesta a cena mundial há algumas décadas (aquele divino, cheio de chiliques, que não aparece na hora do show e que, quando aparece, toca de costas, e sonha em morrer como James Dean), não faz o menor sentido na União Soviética. Da dúzia de bandas que eu vi tocar, nem mesmo as mais violentas faziam o gênero anti entertainer.

Essa maneira de ver a arte, basicamente como ofício, apesar de, à primeira vista, parecer careta, deixa tudo mais claro. Espana o pó (Pop?) que há em qualquer gesto nesse lado da cortina. Se por um lado, não parece haver diferença entre tocar numa banda de heavy metal, *dançar no Bolshoi, ou jogar na seleção soviética de futebol, por outro fica explícita a diferença entre profissionais e diletantes.*

Em todo o mundo, a garotada usa a música pop da mesma forma que usa as gírias, o tipo de roupas ou a marca do tênis. Além da sua função óbvia, essas coisas fazem parte de um código que permite a união em tribos bem diferenciadas. É necessário ser diferente (falar diferente, ouvir diferente) de certas pessoas. E é necessário ser igual a outras pessoas. Sei lá o que vem antes... É engraçado pensar que a massificação pode ser fruto da necessidade que as pessoas têm de serem diferentes umas das outras.

Esperávamos, em Moscou, um público muito homogêneo, com reações estandardizadas. Mais uma vez, fomos driblados. Me lembro da surpresa de ver pessoas de várias idades nos shows. Mesmo a forma de dançar é menos padronizada. Fomos colocados novamente diante de um espelho. Pra ver que, apesar das "trocentas" marcas de cigarro e xampu, somos nós que fumamos do mesmo jeito, pelos mesmos motivos. Somos nós que queremos, todos, o mesmo tipo de cabelo. Aqui, a produção musical nunca foi tão diversificada quanto agora. Além de todos os sabores, todas as misturas são permitidas. A produção musical de massa fica cada vez mais segmentada e específica. Mas, por contraditório que pareça, significa cada vez menos. Parece que a possibilidade de abrir todas as portas faz com que ninguém entre em nenhuma delas de corpo e alma.

E agora, que a Guerra Fria se transporta para o mundo dos negócios, e liberou geral, o que é que vai acontecer? Eu pensava sobre isso no metrô, enquanto olhava, fascinado, a simplicidade desconcertante do design de algumas carteiras de cigarro soviético que havia comprado, mesmo não sendo fumante. Não sei por que razão, a sensação de que o Império Vermelho seria esmagado por neons de cores berrantes foi superada pela ilusão de que o Ocidente seria invadido por tons pastéis.

Era segunda-feira, nosso último dia em Moscou. Havíamos recebido toda a grana dos shows no domingo à noite. Isso nos transformava em milionários por algumas horas, já que o dinheiro não era conversível. O mais grave de tudo é que não tínhamos o que comprar. Nossos olhos capitalistas reviraram Moscou atrás de qualquer coisa que valesse a pena ser comprada, e nada. Foi essa a viagem dentro da viagem: se quiséssemos levar alguma coisa para o Brasil, para nós mesmos, teria de ser algo que não pudesse ser empacotado. Só poderíamos levar, de Moscou, uma impressão. Estávamos no lugar, onde, no início do século, um bando de malucos tinha tentado, pela primeira vez, botar ordem na bagunça e só poderíamos levar para casa algumas impressões: o cheiro do cigarro, o gosto da cerveja, a impressão de que é fácil mudar o mundo.

Ao meu lado, no metrô, um senhor de meia-idade começa a falar comigo num português surpreendente e bem-vindo. Ele explica que aprendeu com amigos brasileiros, entre eles, Luís Carlos Prestes, e pergunta qual a melhor maneira de viajar pelo Brasil, dizendo que pretendia vir para cá um dia. Tive vontade de dizer que a melhor maneira de viajar pelo Brasil é montando uma banda de rock, mas não levei fé no seu senso de humor. Um pouco antes de se despedir e descer na sua estação, ele perguntou pela eleição presidencial (era outubro); e, por duas ou três vezes, chama Lula de "Lulu". Quando ele desceu, ri muito. Lulu...

Coincidências: Lulu Santos tá gravando, agora, no estúdio ao lado. Se você leu até aqui, deve ter ouvido a guitarra dele também. Estúdios e metrôs são muito parecidos.

Escrevi este texto para o Caderno Ideias do Jornal do Brasil,
em maio de 1990.
Roqueiro? O título não é meu.
Seria legal contextualizar, falando da queda do muro de Berlim,
do fim da utopia socialista, da mão invisível do mercado,
da eleição presidencial de 1989,
que teve os maiores ícones de cada facção
(Lula, Brizola, Covas, Ulysses, Maluf, Caiado, Collor)...
Caramba, era outro mundo!
Basta dizer que o texto foi escrito em uma máquina de escrever.
Computador? Lembranças do futuro que a gente imaginava.
É, meu caro, acho que vou tirar o meu da reta,
não sou a pessoa indicada para dar esta aula de História.
Aula nenhuma. Me recolho à insignificância de algumas dicas:
Passat Surf e Chevette Jeans eram tentativas da indústria automotiva de
colocar velhos produtos em novas embalagens.
Tempos de economia fechada, carro importado, nem pensar.
Jair Menegheli era um líder sindical, de esquerda.
Amaral Neto era um jornalista, de direita.
Sim, ainda havia direita e esquerda.

Nota mental para o caso de não haver uma próxima vida:
Tentar ficar o mais próximo possível do paraíso.

Todas as lojas de instrumentos musicais de Porto Alegre têm a marca do meu nariz impressa no vidro da vitrine. Estão lá meus olhos, desejando violões, guitarras e baixos. Na vitrine é onde o instrumento melhor soa, quando, na imaginação, somos Hendrix, Pastorius, John & Paul. Visões do paraíso.

Minha cidade, Esparta Alegre, tem um clima maluco. Estou sendo literal, falando de meteorologia. Se Vivaldi fosse porto-alegrense, teria escrito as *Quatro Estações* em um dia. E o disco *Quatro Estações,* da Legião Urbana? Se fosse considerar o clima imutável de Brasília, precisaria de uma década para ser escrito.

Primavera é para iniciantes. Minha estação preferida é o outono. Gosto de caminhar pelas ruas da cidade. Sobretudo sobre folhas mortas. Meu tênis favorito não é o mais confortável, é um desses que não têm cadarço nem bico de borracha. Gosto dele porque, com o tempo, o tecido vai ficando marcado pelo desenho dos pés. Fica engraçado. Olhando de cima, passo a passo, parece um par de sudários passeando pelas calçadas.

sempre me perco pelas mesmas ruas
não trago mapas, não leio as placas
não sigo pegadas quando sei que são tuas

Sem forçar a imaginação, vejo passar um alemãozinho. No *walkman*, as pilhas gastas fazem a fita girar mais lenta e a música soar meio tom abaixo. Ele ouve o mesmo Jean Luc-Ponty, tocando *Cosmic Message*, que rola no meu *iPod*. Os carros que passam pelo guri são Brasílias, Mavericks, Chevettes e Corcéis. Os que passam por mim, não distingo. Talvez por estar cansado de ver automóveis, ou porque a aerodinâmica deixou todos iguais.

Sem forçar a imaginação, passo por mim mesmo. Ecos de Roger Waters cantando "*strangers passing on the street / by chance two separate glances meet*". Estranho? Sim, o passado é tão estranho quanto o futuro era. Estranhos? Sim, mas, nos olhos, o mesmo olhar.

Sinto as dores do crescimento de Porto Alegre. Talvez todo mundo tenha a mesma impressão de sua cidade, nos seus dias. O tamanho sempre foi uma questão para nossa cidade, assim como a distância das (outras) capitais.

Uma avenida importante, a Dom Pedro, foi ampliada. De duas, para quatro pistas. Agora chamam de 3ª Perimetral, impessoal até no nome (caminhar por ela, economizando o dinheiro do ônibus, foi o que começou minha coleção de discos e livros).

O asfalto transbordou, as árvores dançaram, o horizonte visual ficou mais amplo. O que deveria deixar a cidade "maior" teve efeito contrário. Agora, do ponto mais alto da avenida, se enxerga os limites da cidade. Parece que encolheu.

já vi o fim do mundo algumas vezes
é o sentimento mais comum

Mudança, como se tudo coubesse num caminhão. Ali, logo ali, depois da curva, meu time vai trocar de estádio. Uma experiência que torcedores de poucos clubes terão. Gremistas que vêm de mais longe terão testemunhado duas mudanças. Na década de 50, já havíamos migrado do Fortim da Baixada para o Olímpico.

Do estádio que conheci com meu pai, estou me despedindo, aos poucos, com minha filha. Esse espaço mágico e único vai se transformar em mais um pedaço da cidade, igual a outros. Certamente, teremos um estádio bacana, a Arena. Talvez tenhamos que carregar algum nome de patrocinador, Arena Alguma Coisa. São os tempos, vamos que vamos. Mas é estranho. Certas coisas deveriam durar, senão para sempre, pelo menos mais do que a gente.

De todas as idas ao estádio, não foram derrotas ou vitórias, para mim, os momentos mais misteriosos e fascinantes. Algumas vezes, tive chance de caminhar pelo gramado com o estádio vazio. A gente ouve vozes. Gritos de Gooooool, o som metálico da bola batendo na trave, Piiiicolé óóólha o Piiiicolé. Vozes imortais.

Não há espaço urbano mais surreal do que um estádio de futebol vazio. A amplidão e o verde do gramado sugerem algo rural. Uma miniatura do pampa. Mas a geometria das grandes áreas e do círculo central coloca elementos modernistas nessa pintura de paisagem bucólica.

Fui além. Vi nosso estádio num momento ainda mais mágico. À noite, com refletores apagados e arquibancadas vazias. Foi em 1986, na gravação do *clip* da música *Todo Mundo É Uma Ilha*. Infelizmente, a magia não passou para o vídeo. Só se vê escuridão. Pena.

A sensação era incrível. A banda, um minimalista trio, ilhada num naco de luz. No círculo central, na madrugada de Porto Alegre. Acima da marquise, as luzes do Cemitério João XXIII, vizinho ao estádio. Fantasmas? Só ali, correndo pelo campo, vibrando nas arquibancadas. Dava pra vê-los e ouvi-los naquela escuridão silenciosa.

Escuridão que envolveu o gramado segundos antes de Roger Waters entrar no palco em março de 2002. Caramba, Waters no Olímpico! Se eu romanceasse minha vida, rejeitaria essa ideia por ser muito óbvia. E não é que aconteceu! Às vezes, a vida é surpreendentemente óbvia.

Qual será a última voz do Olímpico a se calar na minha mente? Talvez seja uma voz grave e potente, capaz de atravessar o campo. De tão forte, denuncia a fraqueza humana. Durante o jogo, essa voz, sempre insatisfeita, chama o lateral direito de corno e o meia-esquerda de cachaceiro. Quando, faltando cinco minutos pro fim do jogo, algumas pessoas começam a sair, a voz reclama "vai pra casa, secador!". Dois minutos depois, é o próprio dono da voz que levanta e vai embora. Antes do fim do jogo! Faz o que reclamava que fizessem. O que nos dá o direito de pensar que o dono da voz era corno e cachaceiro. Ah, a fraqueza humana...

Talvez a derradeira voz do Olímpico a se apagar da minha mente seja outra, mais doce: a voz daquele torcedor calmo, que sabe muito de futebol e passa o jogo inteiro decifrando charadas, corrigindo posicionamentos, sugerindo atitudes. Uma voz sempre alguns lances à frente. É o torcedor que usa o bordão "aí a vida cuida" para avisar ao zagueiro que a bola se encaminha para uma zona de menor perigo. "Deixa, aí a vida cuida!"

Nota mental para uma próxima vida:
Tenha talento, trabalhe como um condenado, sue sangue, e você conseguirá tudo sem esforço.

"E se..." é um mantra legal. Três letras, duas palavras, uma permanente pulga atrás da orelha. E se eu trocasse a guitarra pelo baixo? E se eu trocasse o baixo pela viola caipira? E se eu inventasse um *power duo*? "E se" é uma usina criadora de fantasmas. Camaradas, na maior parte das vezes.

E se não houvesse impedimento no futebol? Ficaria um grupo de jogadores perto de cada goleira, sem gente no meio de campo, só dando chutões? Ligação direta de área à área?

E se o jogo não durasse só 90 minutos, se ele se estendesse por uma semana? Imagina só a logística: os 11 jogadores se revezando para dormir, se alimentar, ir ao banheiro. A bola ficaria parada uns dois dias e, de repente, um jogador sairia correndo feito um louco, para surpresa dos adversários já com barba de dias. As lesões mais comuns seriam insônia, insolação, tédio. Um repórter, já extenuado pela cobertura de vários dias, anunciaria com voz rouca: "atenção: fulano vai ser substituído por ciclano, pois está melancólico".

Um mundo completamente novo surgiria, se alterada uma só variável do jogo: o tempo. Mexer no andamento de uma música, às vezes, também causa o mesmo efeito, cria outra música.

Quando eu for o milionário que nunca serei, organizarei um jogo desses. Vai ser divertido, como uma dessas câmeras de *ultra slow motion,* que fazem a queda de um pingo d'água durar um longo minuto. Como o contrário disso: a aceleração de um filme, que faz anoitecer em cinco segundos.

Para ser milionário, eu teria que ganhar na loteria. Para ganhar na loteria, eu teria que jogar. Sempre que a loteria está acumulada, um amigo insiste que eu aposte. Só não entendo por que esse papo só pinta quando o prêmio está acumulado. Qual a diferença entre ganhar "trocentos" milhões e ganhar "trocentos" milhões e meio?

Ah, sei... Não se aposta só pela grana. Também se aposta pra não ficar de fora da histeria do momento. Reportagens na TV, filas enormes nas agências lotéricas. Acho até que rola uma torcida inconsciente para que ninguém ganhe. Que o prêmio continue acumulando, para permanecermos parceiros na euforia.

louco pra ficar legal
longe da histeria carnaval
louco pra ficar legal
longe da euforia industrial

A aposta que faço é no talento, no trabalho, no senso de missão e na possibilidade de fracasso. Talvez, até, na necessidade do fracasso. Nestes tempos tão casuais, ninguém quer se comprometer com uma missão. Muito menos inventar, construir sua própria missão. Fica um acordo tácito no ar, de que nada vale muito à pena. Falta de ambição virou um salvo conduto. É filminho pra lá, musiquinha pra cá, livrinho pra lá, piadinha pra todo lado. Acorrentados ao que temos para o momento, transcendência virou palavrão. Já que a vida é uma só, que seja só uma bobagem. Já que a queda é inevitável, que seja da menor altura possível. Uma boa desculpa para rastejar.

eu sigo em frente, pra frente eu vou
eu sigo enfrentando a onda onde muita gente naufragou

Nota mental para agora, já:
Malandro que é malandro é honesto.

Para Michelangelo, esculpir era uma simples questão de libertar a figura do interior da pedra. Fácil, só retirar da pedra o que não era a figura. Fácil? Para ele. Nós, mortais, temos que fazer vida afora algo parecido com isso: jogar ao mar a carga extra, chegar ao núcleo duro, encarar o espelho, negociar com os fantasmas. Não é fácil, mas é inevitável.

Há quem ache que maquiando suas ideias, dando curvas em si mesmo, chegará mais rapidamente ao coração dos outros. Bobagem. Nas instruções de segurança dos aviões, sempre dizem: "Em caso de despressurização, máscaras de oxigênio cairão. Se estiver ao lado de crianças, coloque a máscara antes em você, depois na criança". Essa é a sequência. Fazer o dever de casa antes de querer dar aula. Primeiro, descobrir como bate o próprio coração.

Frutos da sabedoria anônima das colônias do interior gaúcho, seguem duas metáforas envolvendo fogão à lenha. A primeira: forno aberto não assa pão. Outra: não é por ter tido sua ninhada num forno abandonado, que os filhotes de uma gata serão pães. A primeira, fala da hora do mergulho na verdade interior. A segunda, diz que há uma essência que transcende a existência. Aqueles escritores franceses dos anos 50 e 60, o que diriam disso? Ah, não sei... eles que procurem minha vó. Ela deve estar à beira do fogão. Minha vó e os existencialistas tomando um café, seria interessante.

À beira de uma fogueira pré-histórica, de um fogão à lenha do século passado ou frente à tela de um computador, demora um tempo para descobrirmos qual é nossa família espiritual. Na verdade, é mais uma construção do que uma descoberta. Parece mais um Lego, do que um quebra-cabeça. Não há um desenho pré-estabelecido a ser buscado. Não se trata de refazer um caminho, um quadro. Demora um tempo, mas é imediato, se tal coisa é possível.

São músicos, poetas, arquitetos, pintores, políticos, atletas, escritores, religiosos, amigos... Até parentes podem fazer parte da nossa família espiritual. No primeiro encontro, pinta a sensação de sermos velhos conhecidos, como se um só coração movimentasse nossas correntes sanguíneas. Podem ter vivido em outros séculos, outros continentes. Assim como alguém que tenha o mesmo ofício que a gente, na mesma época, na mesma cidade, pode estar a uma distância inalcançável. Às vezes, levo um susto quando me comparam a pessoas que me parecem de outro planeta. Outra família espiritual.

Para que e para quem a gente escreve, toca, pinta e borda? Para satisfazer a tal família espiritual? Para aumentá-la? Para os tais fantasmas, os caras que eu poderia ter sido, as caras que eu poderia ter tido? Enquanto conversávamos, pintou uma legião deles. Não quero cansá-los. Vou deixá-los dormir ou frequentar o sonho de outras pessoas enquanto sigo viagem. É isso, nota mental para uma próxima linha:

...seguir viagem!

se dizem que é impossível
eu digo "é necessário"
seguir viagem

A Conquista do Espaço

EXTERIOR

Moscou-URSS
Nagoya-JAP
Iwita-JAP
Atlanta-USA
Boston-USA
Danbury-USA
Los Angeles-USA
Miami-USA
Newark-USA
Nova Iorque-USA
Orlando-USA
San Diego-USA
Montevidéu-URU
Buenos Aires-ARG

NORTE

Rio Branco-AC
Manaus-AM
Macapá-AP
Belém-PA
Marabá-PA
Parauapebas-PA
Tucuruí-PA
Porto Velho-RO
Boa Vista-RR
Vilhena-RR
Araguaína-TO
Palmas-TO
Porto Nacional-TO

NORDESTE

Maceió-AL
Ilhéus-BA
Feira de Santana-BA
Jequié-BA
Juazeiro-BA
Mucuri-BA
Salvador-BA
Vitória da Conquista-BA
Barbalha-CE
Cambuci-CE
Crato-CE
Fortaleza-CE
Ipu-CE
Juazeiro do Norte-CE
Sobral-CE
Tianguá-CE
Tibau-CE
João Pessoa-PB
Campina Grande-PB
Caruaru-PE
Garanhuns-PE
Recife-PE
Teresina-PI
Parnaíba-PI
Imperatriz-MA
São Luis-MA
Areias Brancas-RN
Natal-RN
Mossoró-RN
Aracajú-SE

CENTRO OESTE

Brasília-DF
Anápolis-GO
Goiânia-GO
Inhumas-GO
Itumbiara-GO
Jataí-GO
Rio Verde-GO
Pousada do Rio Quente-GO
Sanclerlândia-GO
São Patrício-GO
Campo Grande-MS
Dourados-MS
Três Lagoas-MS
Chapada dos Guimarães-MT
Barra do Garças-MT
Cuiabá-MT
Lucas do Rio Verde-MT
Primavera do Leste-MT
Sorriso-MT
Várzea Grande-MT

SÃO PAULO

Americana
Angatuba
Araçatuba
Araraquara
Araras
Assis
Atibaia
Avaré
Barbosa
Barra Bonita
Barretos
Batatais
Bauru
Botucatu
Caçapava
Catanduva
Campinas
Cruzeiros
Franca
Guaratinguetá
Guarujá
Guarulhos
Indaiatuba
Ipaussú
Itapetininga
Itatiba
Itu
Jaboticabal
Jacareí
Jaguariúna
Jaú
Jundiaí
Limeira
Lins
Lorena
Maresias
Marília
Matão
Mococa
Mogi Mirim
Mogiguaçú
Monte Alto
Olímpia
Ourinhos
Paraibúna
Paulínia
Pederneiras
Pindorama
Piracicaba
Porto Ferreira
Presidente Prudente
Registro
Ribeirão Preto
Rio Claro
Santa Bárbara
Santo André
Santos
São Bernardo do Campo
São Caetano
São Carlos
São João da Boa Vista
São Joaquim da Barra
São José do Rio Preto
São José dos Campos
São Mateus
São Paulo
São Sebastião
Sertãozinho
Sorocaba
Suzano
Tatuí
Taubaté
Vinhedo
Votuporanga

RIO DE JANEIRO

Angra dos Reis
Barra Mansa
Bom Jesus do Itabapoana
Cabo Frio
Cambuci
Campos dos Goytacazes
Casemiro de Abreu
Cordeiro
Itaboraí
Italva
Itaperuna
Macaé
Niterói
Nova Friburgo
Petrópolis
Porciúncula
Raposo
Resende
Rio de Janeiro
Santo Antônio de Pádua
São Francisco
São João da Barra
São Gonçalo
Três Rios
Valença
Volta Redonda

MINAS GERAIS

Além Paraíba
Alfenas
Andradas
Andrelândia
Antônio Dias
Antônio Prado de Minas
Arcos
Areado
Bambuí
Barbacena
Belo Horizonte
Betim
Bicas
Boa Esperança
Bom Despacho
Bonsucesso
Campo Belo
Capela Nova
Carmo
Carmo do Cajurú
Cataguases
Catas Altas
Caratinga
Carangola
Caxambú
Congonhas
Conselheiro Lafaiete
Contagem
Curvelo
Diamantina
Divino
Divinópolis
Dom Cavati
Entre Rios
Ervália
Espera Feliz
Formiga
Governador Valadares
Guaxupé
Guanaes
Ipatinga
Itabira
Itabirito
Itajubá
Itapecerica
Itaú de Minas
Itaúna
João Monlevade
Juatuba
Juiz de Fora
Ladainha
Lagoa Dourada
Lagoa da Prata
Lavras
Leopoldina
Manhuaçú
Mantena
Mariana
Monte Carmelo
Montes Claros
Muriaé
Nova Era
Nova Mutum
Nova Serrana
Ouro Branco
Ouro Preto
Patos de Minas
Pará de Minas
Paraguaçu
Pedro Leopoldo
Pimenta
Piranga
Poços de Caldas
Pompéu
Ponte Nova
Pouso Alegre
Recreio
Rio Pomba
Santana da Vargem
Santo Antônio do Monte
São Gonçalo do Rio Abaixo
São Gotardo
São João Del Rey
São Pedro dos Ferros
São Lourenço
Sete Lagoas
Timóteo
Tiradentes
Três Corações
Três Pontas
Turmalina
Uberaba
Uberlândia
Ubá
Unaí
Varginha
Viçosa

ESPÍRITO SANTO

Alegre
Anchieta
Aracruz
Cachoeiro
Colatina
Ecoporanga
Guaçuí
Guarapari
Iuna
Itaipava
Jaguaré
João Neiva
Linhares
Mimoso do Sul
Nova Venécia
Piúma
Santa Teresa
São Mateus
Venda Nova
Vila Velha
Vitória

PARANÁ

Arapongas
Araucária
Campo Mourão
Cascavel
Cianorte
Curitiba
Dois Vizinhos
Foz do Iguaçu
Francisco Beltrão
Goio-Erê
Guarapuava
Guaratuba
Londrina
Marechal Rondon
Maringá
Nova Londrina
Palmas
Paranaguá
Paranavaí
Pato Branco
Pinhalzinho
Ponta Grossa
Praia do Leste
Santa Helena
Primavera
Rio Negro
São Mateus do Sul
Telêmaco Borba
Toledo
Vila Velha
Umuarama
União da Vitória

SANTA CATARINA

Araranguá
Arroio do Silva
Biguaçú
Blumenau
Brusque
Camboriú
Campos Novos
Caçador
Canoinhas
Chapecó
Concórdia
Criciúma
Curitibanos
Faxinal dos Guedes
Florianópolis
Fraiburgo
Balneário Gaivotas
Garopaba
Imbituba
Indaial
Itaiópolis
Itajaí
Itapema
Itapoã
Jaguaruna
Jaraguá do Sul
Joaçaba
Joinville

Lages
Laguna
Luis Alves
Mafra
Maravilha
Meleiro
Morro da Fumaça
Nova Veneza
Palma Sola
Passo de Torres
Porto União
Praia do Rincão
Praia dos Ingleses
Presidente Getúlio
Rio d'Oeste
Rio do Sul
São Bento do Sul
São Francisco do Sul
São Joaquim
São Ludgero
São Miguel do Oeste
Tijucas
Timbó
Tubarão
Videira
Xanxerê
Xaxim

RIO GRANDE DO SUL

Alvorada
Alegrete
Antônio Prado
Arvorezinha
Arroio do Sal
Atlântida
Bagé
Barra do Ribeiro
Bento Gonçalves
Bom Princípio
Butiá
Cachoeira do Sul
Cachoeirinha
Caçapava do Sul
Camaquã
Campo Bom
Canela
Canoas
Capão da Canoa
Capão Novo
Carazinho
Carlos Barbosa
Cassino
Caxias do Sul
Charqueadas
Cruz Alta
Encantado
Erechim
Ernestina
Espumoso
Estância Velha
Esteio
Farroupilha

Flores da Cunha
Frederico Westphalen
Garibaldi
Gramado
Guarani das Missões
Ibirubá
Igrejinha
Ijuí
Imbé
Itaqui
Jaguarão
Lajeado
Laranjal
Marau
Montenegro
Nova Petrópolis
Nova Prata
Novo Hamburgo
Osório
Palmeira das Missões
Paraí
Passo Fundo
Pelotas
Picada Café
Portão
Porto Alegre
Quaraí
Rio Grande
Rio Pardo
Sananduva
Santa Cruz do Sul
Santa Maria
Santa Rosa

Santana do Livramento
Santiago
Santo Ângelo
Sapiranga
Sto Antonio da Patrulha
Santo Augusto
São Borja
São Gabriel
São Jerônimo
São Leopoldo
São Lourenço
São Luiz Gonzaga
São Marcos
São Pedro do Sul
Sapiranga
Sapucaia
Serafina Correa
Tapejara
Tenente Portela
Teotônia
Terra de Areia
Torres
Tramandaí
Três Coroas
Três de Maio
Triunfo
Tupanciretã
Uruguaiana
Vacaria
Venâncio Aires
Vera Cruz
Veranópolis
Viamão

A Conquista do Espelho

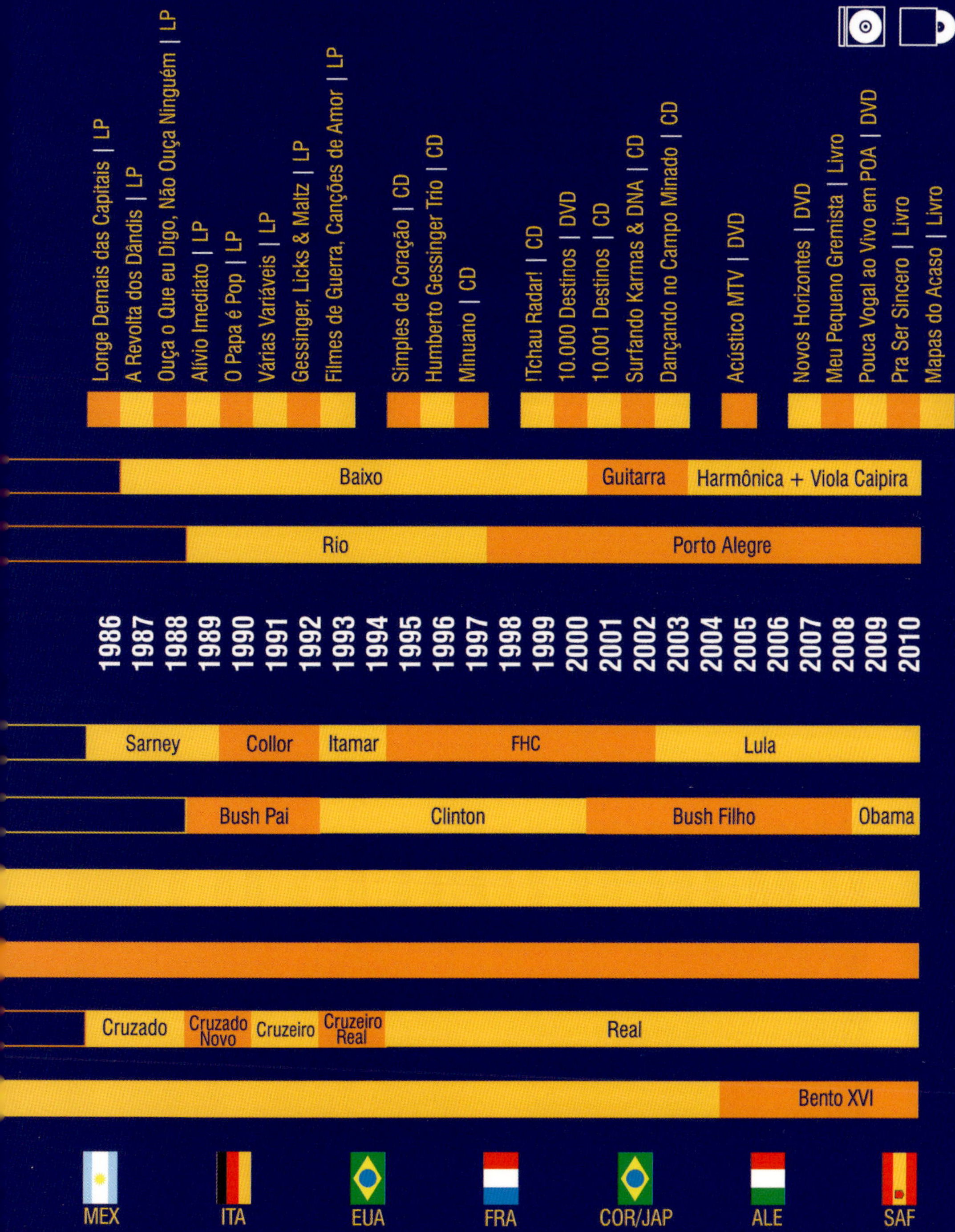

Longe Demais das Capitais | LP
A Revolta dos Dândis | LP
Ouça o Que eu Digo, Não Ouça Ninguém | LP
Alívio Imediato | LP
O Papa é Pop | LP
Várias Variáveis | LP
Gessinger, Licks & Maltz | LP
Filmes de Guerra, Canções de Amor | LP
Simples de Coração | CD
Humberto Gessinger Trio | CD
Minuano | CD
!Tchau Radar! | CD
10.000 Destinos | DVD
10.001 Destinos | CD
Surfando Karmas & DNA | CD
Dançando no Campo Minado | CD
Acústico MTV | DVD
Novos Horizontes | DVD
Meu Pequeno Gremista | Livro
Pouca Vogal ao Vivo em POA | DVD
Pra Ser Sincero | Livro
Mapas do Acaso | Livro
Baixo
Guitarra
Harmônica + Viola Caipira
Rio
Porto Alegre
1986
1987
1988
1989
1990
1991
1992
1993
1994
1995
1996
1997
1998
1999
2000
2001
2002
2003
2004
2005
2006
2007
2008
2009
2010
Sarney
Collor
Itamar
FHC
Lula
Bush Pai
Clinton
Bush Filho
Obama
Cruzado
Cruzado Novo
Cruzeiro
Cruzeiro Real
Real
Bento XVI
MEX
ITA
EUA
FRA
COR/JAP
ALE
SAF

Velas

45 Letras • Engenheiros do Hawaii
Inéditas • Humberto Gessinger Trio
Pouca Vogal

Mesmo que eu fosse apreciador dos bons restaurantes, não me imagino visitando a cozinha deles. Quando vou doar sangue, não olho para a enfermeira, muito menos para a agulha. O que acontece sob o capô do meu carro é um completo mistério para mim, beira a magia.

Deve ser desmistificante para quem não está familiarizado com o processo de criação ver rascunhos, sementes de músicas que frutificaram longe de onde foram plantadas. Na canção destas folhas de caderno, quem conhece meu trabalho vai reconhecer **Guardas da Fronteira**, **Mapas do Acaso** e **Anoiteceu em PoA**.

Natural, há um oceano na cabeça. As músicas, livros, desenhos, gritos, sussurros e silêncios são apenas as ondas que chegam à praia. E as ondas voltam. Sempre. Nunca iguais.

Deve ser o que chamam "ponta do iceberg". Talvez, depois de 25 anos, o resto do iceberg fique mais visível. Talvez não. Há quem diga que a função das palavras é esconder o que sentimos. Eu não digo.

O DOIDO ATO QUE LIMITA O INFINITO E A FANTASIA
É A SOMBRA (O SILÊNCIO) DO MESMO GRITO QUE OS CRIA
ESSA MANEIRA AFLITA DE QUERER LUZ E POESIA
ETERNIZANDO A FINITA FERIDA, FONTE DE ENERGIA

OS ARAMES DO SÃO PEDRO
ZELAM A PEDRA QUE É INSANA
GERAM O TEMPO NO VARAL
COM CALÇAS DE PIJAMA E DE TERGAL

OS ARAMES DA DOM PEDRO
(MORTA NA TEIA ARANHA URBANA)
ESTRUTURA DO VINHO NA PARREIRA
UMBILICAL FAMÍLIA ITALIANA
ÂNCORA, VELA. QUAL ME LEVA? QUAL ME PRENDE?
ÂNCORA, VELA. QUEM SABE (?) DO QUE DEPENDE?

OS AVISOS ~~DESTA~~ DA CIDADE
MUITO MAIS DO QUE EM BERLIM
NÃO EXPLICAM, NÃO DIZEM
SE SÃO PRA ELES OU ~~[illegible]~~ PRA MIM

NA ZONA SUL EXISTE UM RIO
QUE ESPELHA TUDO QUE BRILHA LONGE DAQUI
ARDENDO FINS-DE-TARDE DE LUZ VERMELHA
DE DOR VERMELHA
VERMELHO ANIL

ESTRANHO SER TÃO DISTANTE
E TÃO PRESENTE NO ESPELHO DO RIO
ONDE NÃO HÁ SOM NEM SILÊNCIO
NÃO HÁ MEDIDA
NÃO HÁ VAZIO

SE CANSA TEU ROSTO O SORRISO IMPOSTO DA POPULAÇÃO
ME ENCONTRAS CANSADO, SORRISO SURRADO NA MÃO

QUE PALAVRA QUAL ESPELHO, CRISTAL DE VISÃO
REFLETE. SE QUEBRA, CORTANDO A RESPIRAÇÃO
ACEITA UM NESCAU, DEIXA DE GRAÚ
NÃO VÁ PIORAR A SITUAÇÃO
QUANDO V. FAZ ASSIM, ME DEIXA SOZINHO NUM DRUG-AD!

SWEET TULIPA(gessinger)

ele queria todas as noites a mesma estrela
ela queria todas as estrelas na mesma noite
ela tinha o andar apressado de quem não pode parar
ele tinha o olhar parado de quem não pode acreditar
ele olhava a porta que se abria
ela abria os olhos mas não (ha)via nada
ninguém quis dançar conforme a música do ballet do rancor

ele sem sair de casa, sem sair do quarto, sem sair da cama
ela mudando de roupa, mudando o canal, em outro planeta
ela,que não acreditava em Deus, disse:Deus te proteja
ele, que nunca teve medo, pensou duas vezes
e o rio segue seu curso...
...sem ouvir o que se diz, o que se discursa
e se renova, sem revolta, sem recusa, é o seu único recurso

LITERATA LETRA & MÚSICA: HUMBERTO GESSINGER

LIA, VOCÊ LIA DEMAIS
AS POESIAS DAQUELE RAPAZ
QUE MORREU AO 25 ANOS DE TUBERCULOSE
VOCÊ LIA E EU OUVIA TODO DIA, ERA DOSE

LIA, VOCÊ LIA DEMAIS
E A MIOPIA PREOCUPAVA SEUS PAIS
GUIAS, TRATADOS, PROSPECTOS E MANUAIS
A SABEDORIA TE DEIXOU MÍOPE DEMAIS

LIA, VOCÊ LIA DEMAIS
AS ORGIAS, FOLIAS E BACANAIS
DUMA GERAÇÃO QUE MORREU DE OVERDOSE
VOCÊ LIA E REPETIA TODO DIA, ERA DOSE

LIA, VOCÊ LIA DEMAIS
BIOGRAFIAS, FANTASIAS, JORNAIS
VOCÊ VIVIA EM CRISES EXISTENCIAIS
VOCÊ TINHA APENAS CINCO ANOS QUANDO LEU "SOBRE GUERRA E PAZ"

LIA, VOCÊ LIA DEMAIS
BIOLOGIA, A VIDA DOS ANIMAIS
CITOPLASMA, BIOSFERA, MITOCÔNDRIO, OSMOSE
VOCÊ LIA E NÃO VIVIA, LIA ERA DOSE

Não gravei, em disco, nenhuma dessas canções, elas estavam no primeiro punhado de músicas que fiz para os Engenheiros do Hawaii. Cantar personagens estava no espírito da época; Betty Frígida (Blitz), Eduardo e Mônica (Legião Urbana), Vital e Sua Moto (Paralamas do Sucesso), etc... Essas minhas músicas eram mais arquetípicas. O nome dos personagens deixa isso explícito, são mais formais do que reais.

No diálogo com o público, à medida que as bandas vão ficando mais conhecidas, a tendência é de que as músicas fiquem mais pessoais, na primeira pessoa. Na América, há quem reclame que essa divisão é muito rígida: personagens? Só na música folk! O pop teria que ser na primeira pessoa. Se a música não fala da vida pessoal, que a vida imite a música! É o que dizem...

SÃO PEDRO

PEDRO DEPREDA ORELHÃO. PEDRO DEPREDA ORELHÃO.

DIZEM QUE ELE NÃO TEM JEITO, TEM DEFEITO DE FABRICAÇÃO
MAS PEDRO ODEIA O PREFEITO, PEDRO ODEIA A NAÇÃO.
DIZEM QUE ELE É MUITO CHATO, BICHO-DO-MATO E OLIGÃO
MAS PEDRO ODEIA RATO, SINDICATO E PATRÃO
DIZEM QUE ELE NÃO DÁ BOLA PRÁ ESCOLA E RELIGIÃO.
MAS QUANDO JOGA BOLA ELE É O CAPITÃO,

PEDRO DEPREDA ORELHÃO..PEDRO DEPREDA ORELHÃO.

DIZEM QUE ELE TEM UMA GANG, QUE GOSTA DE SANGUE E USA FACÃO,
MAS PEDRO GOSTA MESMO É DE BANGUE-BANGUE NA TELEVISÃO.
DIZEM QUE ELE NÃO TEM CURA, NÃO TEN CULTURA, NÃO TEM RAZÃO
MAS A VIDA ANDA TÃO DURA E PEDRO NÃO ATURA A CIVILIZAÇÃO;
DIZEM QUE ELE NÃO SE INTERESSA PELO'QUE ACONTECE NO PAÍS,
MAS PEDRO TEM MUITA PRESSA E NÃO ACREDITA NO QUE O RÁDIO DIZ.

PEDRO DEPREDA ORELHÃO. PEDRO DEPREDA ORELHÃO.

DIZEM QUE ELE É UM VÂNDALO, QUE É UM ESCÂNDALO O QUE ELE FAZ,
MAS PEDRO SÓ PRECISA PIXAR UM MURO PRÁ FICAR EM PAZ.
DIZEM QUE QUANDO PEQUENO ELE DEU VENENO PRO SEU IRMÃO,
MAS PEDRO NÃO TEM CULPA SE ELE MORREU DE INDIGESTÃO.
TODO MUNDO FICA DE CARA, DIZ QUE ESSE CARA TEM QUE IR PRÁ PRISÃO,
MAS PEDRO NUNCA PARA DE ATIRAR PEDRA EM ORELHÃO,

PEDRO DEPREDA ORELHÃO. PEDRO DEPREDA ORELHÃO.

LETRA & MÚSICA:HUMBERTO GESSINGER

Breggae LETRA & MÚSICA: HUMBERTO GESSINGER
****

NÃO PENSO MUITO NO SENTIDO
NEM SINTO A FALTA QUE ELE FAZ
FAZ MUITO TEMPO QUE EU DUVIDO
DA VIDA LIDA NOS JORNAIS

TE FALEI DA FALTA QUE FAZ
UM ZAGUEIRO NUM GRENAL
CHORANDO TODO LEITE DERRAMADO NO NESCAU

C'UM DRURY'S OU ROYAL LABEL
(OU UM COPO VAGABUNDO DE GIN)
EU VIRO CLARK GABLE, HUMPREY BOGART, ERROL FLINN

NÃO LEVO FÉ NENHUMA EM NADA
NÃO ME VENHA COM WALT DISNEY
A SACANA ERA UMA FADA
TÃO SAFADA QUE EU JÁ NEM SEI

TUA FALA É TÃO CONFUSA
QUANTO A AMÉRICA CENTRAL
A NAVALHA TE LAMBUSA NUMA BATALHA NAVAL

NA VISÃO DA MACROHISTÓRIA
NADA GERA UM GENERAL
A VERSÃO DO MICROSCÓPIO É O ÓPIO DO TRIVIAL

NÃO, NÃO VIRO VAMPIRO
PREFIRO SANGRAR
A CORRER DEMAIS O RISCO
DE VOLTAR, JAMAIS VOLTAR
E
EU SEI QUE SOU CULPADO
PELO APOCALIPSE NOW
MAS QUE CULPA TENHO EU SE O GOLEIRO É UM BOSSAL?

EU PAGO MEU PECADO
(A FALTA DE KNOW-HOW)
MAS É MUITO MAIS QUE A BOLA O QUE ROLA NA FINAL

Um setor da imprensa passou a chamar o som da geração dos 80 de BRock, o roque popular brasileiro. Há quem diga que, no Brasil, os anos 60 aconteceram com 20 anos de atraso. O título desta canção brincava com essa nomenclatura. O "BR" ligado ao "reggae" e sugerindo, graficamente, o "brega".

Na letra, dá pra ver as sementes de várias canções que nasceriam depois: **Fé Nenhuma**, **Infinita Highway**, **Ilusão de Ótica**, **Nunca se Sabe**, **Filmes de Guerra Canções de Amor**. É provável que, lendo o livro já impresso (afinal, que formato tomou o que escrevi/escrevo e lês/lerás?), eu venha a descobrir outras sementes nesta letra. Tarde demais? Nunca é tarde. Demais.

PRA FRENTE É QUE SE ANDA

AGORA QUE VOCÊ NÃO SABE PRA ONDE IR
TALVEZ VOCÊ DESCUBRA ONDE ESTÁ
AGORA QUE VOCÊ NÃO SABE PRA ONDE IR
TALVEZ VOCÊ DESCUBRA ONDE ESTÃO
AS VERDADES QUE A GENTE ESCONDEU

AGORA QUE VOCÊ NÃO TEM PRA ONDE IR
TALVEZ VOCÊ TENHA QUE VOLTAR
AGORA QUE VOCÊ NÃO TEM PRA ONDE IR
TALVEZ VOCÊ TENHA QUE REINVENTAR
AS VERDADES QUE A GENTE ESQUECEU

ENTÃO NÃO TENTE
SER DIFERENTE
PRÁ FRENTE É QUE SE ANDA
NOSSA VIDA NÃO ANDA TÃO MAL

NÃO HÁ NADA DE NOVO NO PLANETA
NÃO HÁ NADA DE ERRADO COM A GENTE

ENTÃO NÃO TENTE
SER DIFERENTE
PRÁ FRENTE É QUE SE ANDA
A VIDA NUNCA ANDA PRA TRÁS

NÃO HÁ NADA DE ERRADO NO PLANETA
NÃO HÁ NADA DE NOVO COM A GENTE

Humberto Gessinger

NOSSAS VIDAS

letra e música: gessinger 1986

a gente faz de tudo
mas nada faz sentido
nem as luzes da cidade
nem o escuro de um abrigo

a gente faz de tudo
mas nada faz sentido
nem a existência de uma guerra
nem a violência do inimigo

não posso entender
o que fizeram com nossas vidas
não posso entender
por que viramos suicidas
o que fizeram com nossas vidas?
por que viramos suicidas?

eu ando tão vazio
tão cheio de vícios
e o fim da linha é só o início
de uma nova linha
de um novo mundo
de um dia a dia cada vez mais absurdo

eu já pensei em mandar tudo pro espaço
eu já pensei em mandar tudo pro inferno
mas não pensei que fosse tão difícil
ficar sozinho numa noite de inverno

não posso entender
o que fizeram com nossas vidas
não posso entender
por que viramos suicidas
o que fizeram com nossas vidas?
por que viramos suicidas?

SOPA DE LETRINHAS

letra: gessinger 1986
música: pitz

nosso amor é nazifascista
você se esconde, eu sigo a tua pista
eu fico sozinho, mas não fico em paz
eu volto pra casa, você volta atrás

nosso amor é medieval
é como uma pedra em vidro de catedral
ontem à noite, eu tive um sonho exótico
nós dois, por aí, transando sexo gótico

eu fico sozinho, teu beijo me arranha
um estranho no ninho, ninguém estranha

nosso amor é uma abobrinha
eu escrevo teu nome numa sopa de letrinhas
eu fico sonhando em ser astronauta
eu olho pra lua, eu sinto a tua falta

nosso amor é pós-moderno
"eu quero que você se aqueça nesse inverno"
tenho andado aéreo
tropas minhas no ataque
fim de noite, fim de mundo
lá no fundo do conhaque

eu fico sozinho, teu beijo me arranha
um estranho no ninho, ninguém estranha

nosso amor é imperialista
eu tento fugir, você me conquista
eu fico sozinho mas não fico em paz
eu volto pra casa, você volta atrás

SOB O TAPETE

letra: gessinger 1988
música: licks

quando menos se espera
o que seria já era
o que seria de nós
se não fosse a ilusão
que nos trouxe até aqui

quanto mais se foge
tanto mais se quer fugir
o que seria de nós
se não fosse a ilusão
a doce ilusão de conseguir

há mais de uma semana
eu não sei que horas são
havia um romance
ao alcance da mão

mas o cigarro apagou
enquanto eu decidia
se o vício valia
se eu seria capaz
(ou seria difícil demais)

quando menos se espera
o que seria já era
o que seria de nós
se não fosse a mão
que nos trouxe até aqui

quanto mais se foge
tanto mais se quer fugir
e só se pensa em fugir
da mão que nos trouxe
a doce ilusão de conseguir

há mais de um motivo
há mais de uma razão
havia um romance
ao alcance da mão

mas o cigarro apagou
e me ensinou o macete
de esconder as cinzas
sob o tapete

VARIAÇÕES SOBRE UM MESMO TEMA

I
letra e música: gessinger 1988

eu tenho os meus problemas
você tem os seus
variações de um mesmo tema:
ateus procurando Deus

eu tenho os meus problemas
você tem os seus
variações de um mesmo tema:
Dylan e seus dilemas

onde estamos, pra onde vamos, onde já se viu
num retrato, no espelho, no mapa do Brasil
qual é o seu signo
que sangue você gosta de sugar
qual é o seu limite (se é que ele existe)
se não existe, qual é?

eu tenho os meus problemas
você tem os seus
variações de um mesmo tema:
ateus à procura de Deus

eu tenho os meus problemas
você tem os seus
variações de um mesmo tema:
Dylan e seus dilemas

onde estamos, pra onde vamos, onde já se viu
num retrato, no espelho, no mapa do Brasil
qual é o seu signo
que sangue você gosta de sugar
qual é o seu sexo (se é que ele existe)
se não existe, o complexo qual é?

não procure paz onde paz não há
não procure alguém onde não há ninguém
não procure um céu azul no mar vermelho
não procure outras pessoas no espelho

não procure mais, tá tudo aí
e ai de nós se o disco acabar
se o rastro ficar invisível a olho nu
pois nossos olhos não usam black-tie

ouça o que eu digo: não ouça ninguém
ouça o que eu digo: não ouça ninguém
só obedeça a lei da infinita highway

ouça o que eu digo: não ouça ninguém
(o piloto automático não leva a nenhum lugar)
(o piloto automático não leva a lugar nenhum)

II
letra: gessinger 1988
música: licks

não tenha medo
nem tudo tem explicação
há mistério em quase tudo
nem todo veludo é azul

o coração sempre arrasa a razão
o que é preciso ninguém precisa explicar

o mundo é muito grande
pra quem anda de avião
pra quem anda sem destino
ele cabe na palma da mão

o coração sempre arrasa a razão
o que não tem explicação
ninguém precisa explicar

o sol ainda se levanta
no meio de tanta confusão
no meio da madrugada
ele ilumina o japão

o coração nunca cansa da canção
o que tá escrito na canção
ninguém precisa aceitar

ONDE MENOS SE ESPERA

letra e música: gessinger 1990

tente outra coisa
tente ver as coisas de um modo diferente
tente outra cor
e, se não for amor, outro tipo de gente
tente ver além do que você já tem a sua frente
um mundo novo, uma nova era
tudo pode estar onde menos se espera

tente a todo instante
só o que manda o instinto
tente refrigerante
vinho branco e vinho tinto
tente ser Brasil
(de um povo heróico um brado retumbante)
tente submarino, tente estratosfera
não fique esperando
tudo pode estar onde menos se espera

tente outra coisa
tente ver as coisas de um modo diferente
tente dar o pulo por cima do muro
chute no outro canto, por baixo dos panos
tente outra vez
o que você já fez de um modo diferente
se tudo falhar (terra, fogo, água e ar)
continue tentando
tudo pode estar te esperando
onde menos se espera

o jogo pode virar
tudo pode pintar de quem menos se espera
numa noite de inverno
numa tarde de outono ou manhã de primavera
o tempo pode virar
pode ser verão quando menos se espera
onde menos se espera

O QUE VOCÊ FAZ À NOITE

letra: gessinger 1990
música: dé

o que você faz depois do fim da festa
se nada resta e ninguém mais presta atenção?
o que você faz depois do fim da festa
se manifesta a febre, o corpo implora proteção?

o que você faz quando um bar parece um barco
e a cidade, um oceano?
o que você faz se nenhuma escolha parece certa
e toda descoberta parece um plano?

você é o que faz à noite
se você faz o que quer à noite

o que você faz depois do fim da festa
o que você faz? o que você faz?
o que você faz depois do fim da festa
se manifesta a febre, o corpo implora proteção

o que você faz quando um bar parece um barco
e a cidade, um oceano?
o que você faz se nenhuma escolha parece certa
e toda descoberta parece um plano?

você é o que faz à noite
se você faz o que quer à noite

Dé, para quem eu passei esta letra, era baixista do Barão Vermelho. Eles gravaram a canção. São raras as parcerias fora das minhas bandas (Engenheiros do Hawaii, Gessinger Trio e Pouca Vogal). Além desta, escrevi a letra de **Olhos Abertos** para o Capital Inicial e musiquei um poema do Cazuza, **Amor Quente**, para uma campanha de prevenção à AIDS. Também musiquei o **Soneto Revista**, de Glauco Matoso e colaborei com a letra de **Deixa o Bicho**, de Nei Lisboa.

NUNCA MAIS PODER

letra: gessinger 1990
música: licks

todo mundo é eterno
todo mundo é moderno
como um relógio antigo

no underground
no mainstream

todo mundo é moderno
todo mundo é eterno

ontem, ano passado, antigamente
amanhã, ano que vem, ano 2000
todo mundo é moderno
todo mundo é eterno
da boca pra fora
do fundo do coração

todo mundo é eterno
todo mundo é moderno
como um relógio antigo

atrás de brilho e de barulho
escondido dentro de si mesmo
todo mundo é moderno
todo mundo é eterno

em Havana, no Havaí
no Hawaii, na highway
malditos benditos
acabados e infinitos

todo mundo é moderno
todo mundo é eterno
quem cura quem envenena
quem gera quem extermina

todo mundo é moderno
todo mundo é eterno
como um relógio antigo

então
por que esse medo de ficar pra trás
de não ser sempre mais
de nunca mais poder?

todo mundo é moderno
todo mundo é eterno
como um relógio antigo

como um calendário do ano passado
como a coluna Prestes
as colunas do Niemeyer

como a Holanda de 74
um símbolo sexual dos anos 60
todo mundo é moderno
todo mundo é eterno
o papa é moderno
o pop é eterno

então
por que esse medo de ficar pra trás
de não ser sempre mais
de nunca mais poder?

ILUSÃO DE ÓTICA

letra e música: gessinger 1990

eu entendo você que não me entende
eu entendo você que não me entende
eu não prendo você
não se surpreenda
quando eu digo sim
quando eu digo não

quando eu digo "talvez..."
você não entende
é natural
naturalmente
às vezes digo sim
às vezes digo não

eu entendo você que não me entende
eu entendo você que não me entende
eu surpreendo você
que não me prende
"Tire as mãos de mim!"
"Me dê a sua mão!"

cada um tem o seu ponto de vista
encare a ilusão da sua ótica
os olhos dizem sim
o olhar diz não

na visão da macrostória toda guerra é igual
a visão do microscópio é o ópio do trivial
na visão da macrostória nada gera um general
a visão do microscópio é o ópio do trivial

sou cego
não nego
enxergo quando puder
só vejo
obscuro objeto
desejo indireto
será que você me entende?

por que é que 'cê 'tá ouvindo isto ao contrário?
o que é que 'cê 'tá procurando?
hein?

não se renda às evidências
não se prenda à primeira impressão
o que não foi impresso
continua sendo escrito à mão

mal entendido, bem intencionado
mal informado, bem aventurado
Jesus Salva, salve as baleias, leia livros
safe sex, relax
o papa é pop, o país é pobre, o PIB é pouco
o meu pipi no seu popô
o seu popô no meu pipi
poesia é um porre
o futebol brasileiro são várias camisetas
com a mesma propaganda de refrigerantes
a juventude brasileira...
sem bandeira
sem fronteiras pra defender

Pra quem é dependente das palavras, é incômodo estar num país de língua completamente diferente. Meus primeiros shows no exterior foram na URSS e no Japão. Sacou, né? Outros mundos verbais.

Em Moscou, eu brincava que os russos pareciam falar ao contrário. Como gravações invertidas, coisa muito comum nos antigos discos de rock progressivo.

Engenheiros do Hawaii já havia usado gravações de instrumentos tocados de trás pra diante. Dava o maior trabalho virar a fita cada vez que fosse gravar, virar de novo quando fosse ouvir. A guitarra era difícil de pensar ao contrário (Jimi Hendrix foi um mestre nisso também). O som que melhor se adaptava ao truque era o dos pratos. Começava com um zumbido sutil e acabava com o ataque estrondoso, seguido de silêncio.

Nesta música, pela primeira vez, usamos esse efeito em alguns versos. Apesar da letra estar no encarte do disco, às vezes pintam uns malucos querendo criar mistério onde não há, falando naquelas bobagens de linguagem subliminar, mensagem escondida, não sei mais o quê... Nonsense. Mas "o papel aceita toda qualquer coisa". E a internet, então? Aceita mais ainda.

SALA VIP

letra e música: gessinger 1991

não! nem vem que não tem!
eu não devo nada pra ninguém
nem vem que não tem!
eu não devo nada pra ninguém

você pode falar o que bem entender
você pode entender como quiser
mas, não! nem vem que não tem!
eu não devo nada pra ninguém

me deixa fora dessa guerra santa
me deixa fora dessa guerra santa

senta a pua, quebra o pau
manda brasa, solta a franga
sai de baixo, baixa a lenha
manda ver, roda a baiana
entra de sola na sala VIP
mas me deixa fora dessa guerra
santa ignorância, haja paciência

não! nem vem que não tem!
eu não devo nada pra ninguém
nem vem que não tem!
eu não devo nada pra ninguém

você pode achar que não é bem assim
você pode achar assim bem melhor
mas não! nem vem que não tem!
eu não devo nada pra ninguém

'tô de saco cheio
chega! deu pra mim!
eu não sou do meio
sou do princípio ao fim

eu não sou do meio
não sou do meio termo
quero todos os gestos ou nenhum
todos os sons ou o silêncio total
nada de meias palavras
de duplo sentido

toma lá, dá cá
toma lá, dá cá
ninho de cobras, cobranças
o som do gelo num copo de uísque
uma cascavel preparando o bote
o bote salva-vidas

não! nem vem que não tem!
nem todo nonsense faz sentido
não! nem vem que não tem!
nem todo sentido é obrigatório

não! nem vem que não tem!
nem todo sentido faz falta
não! nem vem que não tem!
nem toda falta de sentido é sentida

MUSEU DE CERA

letra: gessinger 1991
música: licks

quem quiser saber por que
e não tiver o que perder
não pode acreditar em tudo
não pode duvidar de nada

se não tiver instinto
se ficar distante
se ficar com medo
quando chegar o instante

forças ocultas tomam de assalto
ouvintes incautos de uma cult band

tem que pagar pra ver
tem que ver pra crer
quem viver verá
a cara desses caras
num museu de cera

quem quiser saber por que
e não quiser se arrepender
não pode acreditar em tudo
tem que acreditar em algo

se não tiver instinto
se não estiver atento
se ficar com medo
no exato momento

alguém muito à toa soa o alarme
veste o uniforme
e transforma tudo em exceção

tem que pagar pra ver
tem que ver pra crer
quem viver verá
a cara desses caras
num museu de cera

museu de cera (quem será?)
imagens de arquivo (de quem será?)
inconsciente coletivo (por que será?)
o mundo é dos vivos (sempre será!)

museu de cera (quem será?)
quem me dera (poder esperar!)
a vida inteira (quando será?)
sexta feira... (no mais tardar.)

tem que pagar pra ver
tem que ver pra crer
tem que jogar pra ganhar
tem que correr atrás

tem que pagar pra ver
tem que ver pra crer
quem viver verá
a força bruta
a face oculta
num museu de cera

quem quiser remar contra a maré
tem que remar muito mais forte
não vá à guerra de pés descalços
não pise no tapete com essas botas imundas

CURTA-METRAGEM

letra: gessinger 1991
música: licks

como qualquer curta-metragem
tropicalismo
bossa nova
rei Pelé

como qualquer curta-metragem
Brasil
turismo
Amazônia
ciclo do café

como qualquer picaretagem
"- Mãos ao alto"
"- Não se mexa!"
"- Fique onde está!"

a vida é uma viagem
passagem só de ida
há quem diga que não vale
há quem mate prá viver

a vida é uma viagem
bebida sem gelo
engolida às pressas
às vésperas da sede

CANIBAL VEGETARIANO DEVORA PLANTA CARNÍVORA

letra: gessinger 1992
música: licks

eu tive um pesadelo
tive medo de não acordar
do alto de uma torre
eu vi a terra em transe profundo

todo mundo era poeta
todo mundo era atleta
todo mundo era tudo

"Do it yourself", diziam
"O céu é o limite", acredite!
é um pesadelo, não consigo acordar

eu tive um pesadelo
tive medo de não acordar
eram várias variáveis
um vírus voraz no computador

sem rumo: na contramão do fim da stória
em resumo: o sonho é over (overnight)
é um pesadelo, não consigo acordar

o suprassumo da contradição:
clichês inéditos, dèja vu nunca visto
esquerda light, diet indigestão

jagunço hi-tech, perua low profile
cabelo vermelho Ferrari
joia rara para a multidão

eu tive um pesadelo
tive medo de não acordar
tudo andava tão caído...
eu andava por aí

sem rumo: sem rima nem refrão
em resumo: não tive culpa nem perdão
eu tive um pesadelo
tive medo quando acordei

tudo faz sentido agora que tudo acabou
o céu andava meio caído
antes mesmo de desabar

turistas vorazes (voyeur) levavam pra casa
desertos e oásis num vídeo k7
anjos em queda livre
o céu abaixo do nível do mar

foi só um pesadelo
um peso pesado caído na lona
o castelo de areia desmorona
foi só um pesadelo
paz na terra em transe profundo

contra a tradição, a contradição:
overdose homeopática
ode ao que se fode
Humildade
(com "H" maiúsculo e dourado)

enfant terrible veterano
calendário eterno, fuso anti-horário
luz difusa, confusa explicação

tara relax, safe sex
disneylândia dândi, a grande guerra
pantanal new age, bacanal cristão

fanatismo indeciso, fanática indecisão
em resumo: et cetera e tal...

Escrevi esta letra para uma base instrumental que Augustinho me mandou. Um efeito da guitarra (Pedal Whammy Bar) me sugeriu a atmosfera onírica, uma sucessão de oxímoros (segundo o Houaiss: figura em que se combinam palavras de sentido oposto que parecem excluir-se mutuamente mas que, no contexto, reforçam a expressão).

Por um desagradável instante, relendo a letra muito tempo depois, fiquei sem saber o motivo da palavra overnight estar ali. Lembrei: tempos de hiperinflação, overnight era uma aplicação bancária que todos faziam para que o dinheiro acordasse numa quantidade, ao menos, parecida com a que tinha ido dormir.

Era muito tranquilo trabalhar com Licks e Maltz. Liberdade total e sem pressão interna. Nunca rolou fogo amigo, nunca ninguém foi inimigo na trincheira. Nas músicas que escrevemos juntos, independente de quem desse o pontapé inicial, cada um fazia sua parte sozinho. Sempre achei estranho este papo de criação coletiva, penso que só funciona em ocasiões especiais e com certas pessoas.

Sempre priorizei as parcerias na hora de escolher o repertório dos discos. Todas as canções que escrevemos juntos foram gravadas na primeira oportunidade. Muita gente acha que egos hipertrofiados causaram o fim desta formação. Nada disso. Egos em baixíssima rotação. Música, sempre, em primeiro lugar. Num trio, há tanto espaço que é difícil um pisar no calo do outro.

Parou por quê? Por que parou? É a vida, semente-flor-fruto-adubo-semente...

?ATÉ QUANDO VOCÊ VAI FICAR?

letra e música: gessinger 1992

tuas palavras
como um espelho
(cristais de visão)
me refletem
se quebram
cortam a respiração

tuas palavras
duras palavras
como uma prisão
me deixam de fora
fora de circulação

tuas palavras... duras palavras
um espelho... uma explosão
tuas palavras... duras palavras
um prisioneiro... uma prisão

sou dado a sonhos
como um dado em tuas mãos
entregue a vícios e crenças
às vezes rolo pelo chão

me achas lento
quando atravesso a escuridão
por um momento eu me sinto
como um dardo em tuas mãos

tuas palavras... duras palavras
das alturas ao chão
tuas palavras... duras palavras
um espelho... uma prisão

até quando você vai ficar
fazendo o que quer comigo?
até quando você vai ficar
sem saber o que quer de mim?

até quando você vai ficar
...sem saber o que quer fazer?
...sem saber o que quer?
...sem saber o que?
...sem saber?
...sem?

A PERIGO

letra e música: gessinger 1995

planos de voo
tava tudo em cima
céu de brigadeiro sobre nós

pane! pânico!
perdemos a altura
puxaram o tapete voador

pane... que pena!
panos quentes
fica tudo como está
no mesmo lugar
impunemente

hoje estamos a perigo
hoje estamos separados, divididos
mas um dia, um dia
nós seremos a maioria

eu sigo em frente
pra frente eu vou
eu sigo enfrentando a onda
onde muita gente naufragou
um dia nós seremos maioria
seremos a maioria

POR ACASO

letra e música: gessinger 1995

não, eu não posso negar
não adianta disfarçar
agora você me prensou contra a parede

eu não passava por aí por acaso
não, eu não olhava pra você por acaso

eu sempre quis você
se eu não me fiz entender
não foi por mal não foi por nada
nada foi por acaso

tudo que já fizemos juntos
e o que deixamos de fazer
desaba alta madrugada
nada faz a menor diferença
quando a gente pensa no que ainda pode ser

se eu não te fiz entender
que era feliz com você
não foi por mal não foi por nada
nada foi por acaso

da janela do avião eu vejo Porto Alegre
vejo o futuro em flash-back
meu pai, minha filha, nossa casa
da janela do avião eu vejo por acaso
o nosso caminho, Moinhos de Vento
Glória, Independência, nossa Redenção
vejo da janela do avião

eu sempre quis voltar
eu sempre quis você
um dia eu quis tudo
tudo estava aqui por aí
Porto Alegre
por acaso

MATEMÁTICA MODERNA

letra e música: gessinger 1995

é um standard da indústria
segue a lógica do sistema
simboliza nossa classe
nosso impasse
é um emblema

estafetas da Gestapo
criam ratos no deserto
cada vez mais perto
já não é em alemão
num outro hemisfério
democratas de pouco banho
pensam que um império
ainda se mede pelo tamanho

o capital é livre para voar
viajar e dominar
o mundo pós-industrial
a capital é um cartão-postal
tem um guarda em cada esquina
tem café sem cafeína
e todos param no sinal

na santa pax per capita
a escala é global
não há furos neste muro
apenas juros a pagar
riqueza gera riqueza
mão de ferro no combate
não dão alternativa
fim de papo, xeque-mate

cheios de contrastes
trustes
tristes trópicos
engolimos sapos
lavamos pratos típicos
perigosa periferia
a dois passos do paraíso
tem de sobra mão de obra
e a mão invisível se for preciso

é um standard da indústria
segue a lógica do sistema
simboliza nossa classe
nosso impasse
é um emblema

o capital liberou geral
raposa e galinha
forte e fraco
tudo farinha no mesmo saco
na capital, no capítulo final
não haverá fronteiras
apenas algumas barreiras
acima do bem e do mal

terceiro mundo
Disney Guevara
quinto dos infernos
quintal dos caras
sétimo céu
oitava maravilha
quarto poder
terceira via
é um standard da indústria
segue a lógica do sistema

ALGO POR VOCÊ

letra: gessinger 1995
música: deluqui

hey, garota
não fique esperando o telefone tocar
os homens são o que são e são todos iguais
o difícil é saber quem é clone de quem

hey, garota
não fique esperando o telefone tocar
de volta ao passado, tecendo tapetes
esperando o guerreiro voltar

já lhe fizeram sofrer demais
já lhe fizeram feliz demais
tá na hora de você mesma fazer
algo por você
só você pode fazer

hey, garota
o dia já passou, não deixe a noite passar
passe um batom, ou não, e vá se divertir
você vai descobrir quem é clone de quem

já lhe fizeram sofrer demais
já lhe fizeram feliz demais
tá na hora de você mesma fazer
algo por você
só você pode fazer

hey, garota
faça o favor: não fique esperando
faça algo por você
só você pode fazer

A ONDA

letra e música: gessinger 1996

força não há capaz de enfrentar
uma ideia cujo tempo tenha chegado
a força não é capaz de salvar
uma ideia cujo tempo tenha passado

é impossível domar a força do mar

pra pegar a onda tem que estar
na hora certa num certo lugar
pra pegar a onda, deixa estar:
deixa a onda te pegar

pra pegar a onda tem que estar
surfando karmas & DNA
pra pegar a onda, deixa estar:
deixa a onda te pegar

O PREÇO

letra e música: gessinger 1996

o preço que se paga, às vezes, é alto demais
é alta madrugada, já é tarde demais
pra pedir perdão, pra fingir que não foi mal

uma luz se apaga no prédio em frente ao meu
"sempre em frente" foi o conselho que ela me deu
sem me avisar que iria ficar pra trás

e agora eu pago meus pecados
por ter acreditado que só se vive uma vez
pensei que era liberdade
mas, na verdade, eram as grades da prisão

o preço que se paga, às vezes, é alto demais
é alta madrugada, já é tarde demais
mais uma luz se apaga no prédio em frente ao meu
é a última janela iluminada
nada de anormal... amanhã ela vai voltar

enquanto isso eu pago meus pecados
por ter acreditado que só se vive uma vez
pensei que era liberdade
mas, na verdade, me enganei outra vez

eu pago os meus pecados
por ter acreditado que só se vive uma vez
pensei que era liberdade
mas, na verdade, era só solidão

?PRA QUÊ?

letra: gessinger 1996
música: granja/adal

cantar pra quê?
pra quem cantar?

pra quem não tem a senha
pra quem não teve acesso
e vive do lado de fora
da ordem e progresso

pra quem mantém aceso
o fogo a noite inteira
no cigarro desprezado
na calçada pelo dono da carteira

pra quem mantém a fé
ardendo na fogueira
sob um céu de viaduto
alimentando a caldeira

cantar pra quê?
pra quem cantar?
pra quê?
pra quem?
cantar?

pra parar o tempo
pra passar o tempo
pela força
pela fome
pelas calçadas da fama

por que é preciso perguntar
sem esperar resposta

cantar pra quê?
pra quem cantar?
cantar pra quê?
pra quem?

ELA SABE

letra: gessinger 1996
música: granja

ela sabe muito bem o que quer
ela sabe o que precisa fazer
e vai à luta
não escuta ninguém

ela sabe muito bem o que é
que se espera de uma mulher
mas não quer nem saber
ela manda ver

ela sabe muito bem o que quer
ela sabe o que precisa fazer
vai à luta e não escuta ninguém

nem
a maioria esmagadora voz da razão
bom senso, uníssono ensurdecedor
na lua cheia ateia fogo às próprias vestes
só pra acordar de bom humor

pra enfrentar o que der e vier
só a força de uma mulher
que sabe muito bem o que quer
ela sabe... ela sabe!

vai à luta e não escuta
a maioria esmagadora voz da razão
bom senso, uníssono ensurdecedor
na lua cheia ateia fogo às próprias vestes
só pra acordar de bom humor

ela sabe... ela sabe

Tenho mais tempo fazendo base para guitarristas solarem do que muitos que me ouvem têm de vida.

Guitarristas são figuraças! Ouvem com os dedos. De todos os instrumentistas, talvez sejam os mais dominados pelo próprio instrumento. Geralmente compõem baseados em *riffs*, frases de guitarra que se repetem. Não chega a ser algo harmonicamente rico, mas traz um compromisso forte para a métrica das frases. Pedir pra mudar o tom de um riff, o que um tecladista faria sem piscar, pode tirar o sono de um guitarrista.

Por mais diferentes que sejam, é muito parecido escrever com Augusto Licks, Fernando Deluqui, Luciano Granja, Paulo Galvão ou Duca Leindecker. Guitarristas...

BANCO

letra e música: gessinger 1997

deve haver alguma coisa que ainda te emocione

tudo errado no teu banco de dados
futuro presetado, passado deletado
sinto te informar: tu estás mal informado!

deve haver alguma coisa que ainda te emocione
uma garota, um bom combate, um gol aos 46
deve haver alguma coisa que ainda te emocione

te vejo sentado no banco dos réus
pra falir a banca bancando o coitado
quanto mais culpado melhor o advogado

deve haver alguma coisa que ainda te emocione
um cavalo em disparada
pijamas, nada pra fazer
deve haver alguma coisa que ainda te emocione

tudo guardado num banco a sete chaves
o sétimo selo, o sétimo céu
eu sinto te informar: o banco foi roubado
é o velho jogo: pedra, tesoura, papel

deve haver alguma coisa que ainda te emocione
um vinho tinto, um copo d'água
chuva no telhado, pôr do sol
deve haver alguma coisa que ainda te emocione

FAZ PARTE

letra e música: gessinger 1997

por um pedaço de pão
por uma história pra contar
por acaso, por um triz
só pra contrariar tua direção
tua mão a indicar o rumo certo
o caminho mais curto

não vou agora, não
não quero te encontrar
preciso me perder
como preciso de ar
perder o rumo é bom
se perdido a gente encontra
um sentido
escondido em algum lugar

devolva-me o que você levou
ou leve-me contigo:
perca-se comigo

sempre me perco
pelas mesmas ruas
não trago mapas
não leio as placas
não sigo pegadas
quando sei que são tuas

não vou agora, não
não quero te encontrar
preciso me perder
como preciso de ar
se perdi o tom
foi pra escapar da tua atração
canto de sereia em alto-mar

devolva-me o que você levou
ou leve-me contigo:
perca-se comigo

SEM PROBLEMA

letra e música: gessinger 1997

chame do jeito que você quiser
medo, coragem ou amor
faça disso o que quiser
é um presente que eu te dou

só não tente me dizer
o que é melhor pra mim
quem pode saber?
não venha me explicar
o que eu sinto por você
sou o primeiro a saber

seja o que for, esteja onde estiver
teu homem, tua mulher
vício, virtude ou amor
chame do jeito que quiser

só não tente me dizer
o que é melhor pra mim
quem pode saber?
não venha me dizer
que eu te machuquei
você sabe como eu sou
como eu era e serei
só você pode saber

entenda meu corpo (batimentos por minuto)
minha stória, meus quilômetros por hora
entenda meu canto, meus tantos por cento
meus contos de réis (tantos por mês)
entenda meu corpo: sal e litros d'água
em centímetros ao cubo... em silêncio, por favor

só não tente me dizer o que é melhor pra mim
(ninguém pode saber)
não venha me explicar o que eu sinto por você
sou o primeiro a saber

NOVE ZERO CINCO UM

letra e música: gessinger 1997

não quero jogar fora o pouco tempo que nos resta
não quero jogar lenha na fogueira das vaidades
só tenho uma ficha, uma única certeza:
ninguém vai aceitar chamadas a cobrar

não adianta reclamar do pouco tempo que nos resta
nos resta aproveitar antes que seja tarde
só temos uma escolha, um momento apenas
ou a vida inteira pra se arrepender

caiu, a última ficha caiu!
vai cair a ponte! nós vamos cair no rio!
águas vão rolar... o tempo vai passar
e ninguém vai aceitar chamadas a cobrar

A ILHA NÃO SE CURVA

letra: gessinger 1997
música: granja/adal

presente em tudo que eu faço
em qualquer hora e lugar
em toda esquina em cada passo
profana luz a me guiar

vida afora... noite adentro

impressa em cada gesto meu
brilha a luz no fim do túnel
cores capazes de cegar
quem tem medo de entregar-se

vida afora... noite adentro

inimigos na trincheira
Guantanamera militar
e a ilha não se curva
às águas turvas desse mar

vida afora... noite adentro

HUMANO DEMAIS

letra: gessinger 1997
música: granja/adal

de tudo que é humano
nada me é estranho
se o mar não tá pra peixe desse tamanho
eu não esquento...
eu não me iludo
eu troco em miúdos o primeiro toque
e nada pode ser maior

de tudo que é humano
nada me é estranho
fruto e semente...
criatura e criador
as curvas da estrada
as pedras no caminho
os filmes de guerra
e as canções de amor
nada pode ser maior

de tudo que acontece
nada me surpreende
tudo me parece !tão normal!
um big mac... maktub
drops de Deus... filosofia fast-food
nada pode ser maior

não é ciência exata
não acontece em tempo real
é demais! humano demais!
não é ciência exata
não acontece em tempo real
é demais! animal!

e agora somos só nós dois:
eu e minha circunstância
sempre foi só nós dois:
eu e minha circunstância
sempre só nós dois: eu e eu
nada pode ser maior

INCENSO DE CANELA

letra e música: gessinger 1998

você sai do seu caminho
anda muitas léguas a mais
usa óculos de sol à noite
só pra me ignorar

eu mudo o rumo da conversa
dobro a esquina, quebro a rotina
tiro o telefone do gancho
só pra te ignorar

a gente tenta esquecer
muda o canal, quebra a TV
assalta a geladeira
bebe a noite inteira
só pra ignorar

eu vou ligar o meu melhor incenso
vou te ligar, dizer tudo que eu penso
até brigar contigo é bom

jogo duro, inocência
viver assim nos extraiu os dentes
tanto esforço pra nada
não dá pra ignorar

fica o dito pelo não dito
maldito grito preso na garganta
a gente faz de tudo
a gente faz de conta

eu vou ligar o meu melhor incenso
desligar as luzes do bom senso
até brigar contigo é bom

DELIVERY (pegue & pague)

letra e musica: gessinger 1998

quero a força mais forte
quero a parte mais doce
quero o que eu não conheço
o que não tem preço

quero o que é improvável
só pra provar o sabor
o inevitável é sempre o melhor

eu fui sincero
quero sinceridade
entre sem bater
fique o tempo que quiser

quero porque quero não mais querer
deixar rolar, acontecer
quero porque quero não mais querer

quero cantar a querência
sons de outro planeta
vibrar em outras frequências
muito além do violeta

eu fui sincero
só quero sinceridade
o inevitável é sempre o melhor

quero porque quero não mais querer
deixar rolar, acontecer
quero porque quero não mais querer

eu fui sincero
quero sinceridade
entre sem bater
fique à vontade

NADA FÁCIL

letra: gessinger 1999
música: gessinger/granja/adal/dorfman

neurotransmissores
mísseis na pressão
a vida em cada curva
dispara o coração

nada fácil, cara
euforia e depressão
muitas pedras no caminho
uma flor em cada mão

!tchau, radar!
eu vou saltar

não é nada fácil, cara
euforia e depressão
muitas flores no caminho
uma pedra em cada mão

reza a lenda
que a gente nasceu pra ser feliz
que o crime não compensa
e tudo conspira a favor

reza a lenda
que a noite é uma criança
em volta da fogueira a tribo dança
pra celebrar e descerebrar

neurotransmissores
mísseis na pressão
a vida em cada curva
no limiar da dor
entre a vertigem de um cavalo alado
e o óleo diesel de um cavalo vapor

reza a lenda
que a gente nasceu pra ser feliz
que o crime não compensa
e tudo conspira a favor
reza a lenda
que a noite é uma criança
em volta da fogueira a tribo inteira
quer celebrar e descerebrar

MELHOR ASSIM

letra: gessinger 1999
música: granja

foi cruel, mas foi melhor assim
sei que dói quando chega o fim
dores que ninguém nunca sentiu
é o sentimento mais comum
já vi o fim do mundo algumas vezes
e na manhã seguinte tava tudo bem

melhor pra você se ela foi embora
melhor assim

digo de coração: muito melhor assim
mas talvez fosse melhor ficar calado
já vi o fim do mundo algumas vezes
é o sentimento mais comum

melhor pra você se ela foi embora
melhor assim

foi o fim de uma viagem
o guia estava errado
mas há estrelas atrás das nuvens
no céu da pátria nesse instante
há um porto escondido no coração do
viajante

melhor pra você se ela foi embora
muito melhor assim

QUASE LÁ

letra e música: gessinger 1999

lá
onde outro lugar não há
quando chegar a hora H
vais encontrar
lá
onde o mapa ocultar
o tesouro, um altar
algo quente pra jantar
lá
o que a palavra silenciar
a noite vai clarividenciar
onde e quando menos esperar

entre sem bater
fique o tempo que quiser
aqui termina tua procura
aqui o futuro começou

grito por alguém
fora do alcance da voz
atrás de um lugar
que não existe mais

entre sem bater
fique o tempo que quiser
aqui termina tua procura
aqui o futuro começou

RITOS DE PASSAGEM

letra: gessinger 2001
música: galvão

medo de voltar pra casa
medo de sair de casa
e encontrar tudo no mesmo lugar
medo de abrir os olhos
medo de fechar os olhos
e enxergar o que não quer nem imaginar

quanto tempo faz? uma semana atrás?
no topo do mundo, na crista da onda
numa euforia de se estranhar
pouco tempo faz! uma semana atrás!
no topo do mundo, na crista da onda
um mergulho em busca de ar

tudo mudou, ela acordou
estava onde nunca quis estar

livre para ir e vir
para ficar onde está
é outro modo de ver a queda...
...livre como sempre quis
livre como nunca imaginou
só outro modo de ver o muro desabar

quanto tempo faz? uma semana atrás?
no topo do mundo, na crista da onda
numa euforia de se estranhar
pouco tempo faz! uma semana atrás!
no topo do mundo, na crista da onda
um mergulho em busca de ar

tudo mudou, ela acordou
estava onde nunca quis estar
ela mudou, tudo acabou
ela está pronta pra recomeçar

DUAS NOITES NO DESERTO

letra e música: gessinger 2003

aprendi contigo a navegar
em qualquer tempo, qualquer mar
aprendi contigo a desarmar
as armadilhas do caminho

um ciclone atravessou as nossas vidas
de repente tudo fora do lugar
hoje eu sei, só a mudança é permanente
de repente tudo está no seu lugar

um findisemana em outro mundo
pode ser a salvação
pode ser loucura
acreditar que ainda existe salvação

só se for contigo
só contigo
duas noites no deserto

um ciclone atravessou as nossas vidas
de repente tudo fora do lugar
hoje eu sei, só a mudança é permanente
de repente tudo está no seu lugar

duas noites no deserto
segunda-feira tudo está no seu lugar

VERTICAL

letra e música: gessinger 2006

tá legal
tô ligado
saber o que é possível é legal
tô ligado
querer o impossível é legal
tô ligado
vai chegar a hora
quando chega a hora é mais legal

saber todo mundo sabe
querer todo mundo quer
mais fácil falar do que fazer

vertical
de corpo e alma
mergulho ou decolagem
tanto faz
tô ligado
lá no alto ou lá no fundo
vertical
tô ligado
já chegou a hora
quando chega a hora é radical

saber todo mundo sabe
querer todo mundo quer
mais fácil falar do que fazer

tá legal
tô ligado

LUZ

letra e música: gessinger 2006

onde estão teus olhos?
agora que tô bem na foto
agora que achei o foco
onde estão teus olhos?

sem eles não existo
fico cego e invisível
sem eles não existo
queimo o filme e rasgo a foto

onde estão teus olhos?
agora que domei a fera
agora que a dor já era
onde estão teus olhos?

sem eles não existo
fico cego e invisível
sem eles não existo
só enxergo o silêncio

juntos para sempre
objeto e observador
física moderna
velhas canções de amor

onde estão teus olhos?
onde estão teus olhos?
sem eles não existo
longe deles nada existe

HOJE EU NASCI DESSE JEITO

letra e música: gessinger 2006

hoje eu nasci desse jeito
não me peça pra explicar
o que não se repete
e o que não vai mudar

todo dia nasce perfeito
não adianta reclamar
causa e efeito
a diferença está no olhar

perdi a noite fazendo planos
a manhã nunca chegou
perdi o medo da escuridão
só então o sol raiou

hoje eu nasci desse jeito
já não quero acompanhar
o giro dos ponteiros
só a batida do meu coração

todo dia nasce pra sempre
até onde a vista alcança
medo e esperança
a diferença está no olhar

perdi a noite fazendo planos
a manhã nunca chegou
perdi o medo da escuridão
só então o sol raiou

tudo que eu sabia
o que eu achava que sabia
já tratei de esquecer
por que deixou de valer
o pouco que eu sabia
o que eu achava que sabia
o que eu achava que queria saber

a diferença está no olhar

perdi a noite fazendo planos
a manhã nunca chegou
perdi o medo da escuridão
só então o sol raiou
raiou

Viola caipira é o instrumento que a gente passa metade do tempo afinando e metade do tempo tocando desafinada.

A vida é um pouco assim, a gente pode passar metade do tempo fazendo planos e a outra metade tendo que improvisar.

A FORÇA DO SILÊNCIO

letra e música: gessinger/leindecker 2007

pra que tanta inteligência?
por que tanta emoção?
qualquer coisa em excesso
faz sucesso, meu irmão

tanta gente com certeza!
quanta gente sem noção!
em excesso até o fracasso
faz sucesso por aí

eu tenho fé na força do silêncio
eu tenho fé na força do silêncio

se as cores vão berrando
no sol ensurdecedor
fecho os olhos... outro mundo
vou morar no interior

transbordou a mesa ao lado
um tsunami arrasador
fecho os olhos... outro mundo
vou morar no interior

eu tenho fé na força do silêncio
eu tenho fé na força do silêncio

a fé que me faz aceitar o tempo
muito além dos jornais
e assim mergulhar no escuro
pular o muro pra onda passar

vi um punk na farmácia
atrás de protetor solar
baile funk no plenário
ambulância quer passar

futebol... mesa redonda
exorcista... camelô
a onda agora é outra onda
um tsunami arrasador

eu tenho fé na força do silêncio
eu tenho fé na força do silêncio

a fé que me faz aceitar o tempo
muito além dos jornais
e assim mergulhar no escuro
pular o muro pra onda passar

Duca me pediu uma música para o disco do Cidadão Quem que ele estava finalizando. Eu tinha **Força do Silêncio**, uma canção sem refrão, em que cada parte acabava num compasso de absoluto silêncio. Sempre que eu tentava gravá-la, a estrutura me soava mais cerebral do que eu gostaria que fosse. Mandei a música para o Duca, ele escreveu o refrão (em azul), e a música, finalmente, chegou em casa.

DEPOIS DA CURVA

letra: gessinger 2008
música: leindecker

amanhã, talvez
esse vendaval faça algum sentido
dá pra se dizer
qualquer coisa sobre todo mundo

por hoje é só
vou deixar passar a ventania
talvez amanhã
vento, vela e velocidade

mar azul
céu azul sem nuvens
logo ali... depois da curva
ali, logo ali, ali... depois da curva

amanhã talvez
esse temporal saia do caminho
dá pra escrever
o papel aceita toda qualquer coisa

por hoje é só
vou deixar passar a tempestade
talvez amanhã
água pura e toda verdade

mar azul
céu azul sem nuvens
logo ali... depois da curva
ali, logo ali, ali... depois da curva

ali, logo ali, ali... depois da curva
ali, logo ali
eu vi, eu vim, venci a curva

Apesar de, em regra, compor sozinho, gosto do desafio que as parcerias acrescentam. Costumo fazer mais "a coisa certa" quando estou escrevendo com parceiros. O que é bom, mas é ruim, mas é bom, mas é o que rola...

Sozinho, costumo aproveitar a liberdade dos erros e excessos. Músicas como **Infinita Highway**, **Piano Bar**, **De Fé**, **Até o Fim**, e outras que escrevi sozinho têm formas pouco ortodoxas para os padrões cada vez mais engessados da música pop. Sem falar nas canções mais longas, **A Violência Travestida Faz Seu Trottoir**, **Anoiteceu em Porto Alegre**, **Pampa no Walkman**, **Quartos de Hotel**, etc... Estas já pularam a cerca do mundo pop.

No material do Pouca Vogal isso fica bem claro se compararmos as músicas que fiz com Duca, de estrutura mais tradicional (**Tententender**, **Depois da Curva** e **Breve**), com as que escrevi sozinho, mais livres, desformatadas (**Pra Quem Gosta de Nós**, **Pouca Vogal**).

Não falo de virtudes e defeitos, são características: um refrão que não vem ou que, a cada vez, vem diferente; uma sequência harmônica que não se repete na canção, mas que vai voltar em outra música.

Nos arranjos, principalmente nos discos em que eu toquei contrabaixo, também rola esta subversão. É frequente a voz marcar o tempo como o baixo deveria fazer enquanto este desenha alguma melodia quase vocal. Eu gosto, mas fico na minha.

BREVE

letra: gessinger 2008
música: leindecker

vai ser difícil
guerrilha do coração
vai ter comício
contra a contradição
o tempo voa
no jingle da televisão
vai numa boa
eles é que estão na contramão

se for pra sempre seja breve
seja firme seja leve
seja bravo seja breve

cai como luva
difícil dizer que não
sob medida
só se for sob pressão
deixe um recado
na porta da geladeira
com a ponta do dedo
no vapor do espelho do banheiro

se for pra sempre seja breve
seja firme seja leve
seja bravo seja breve

força e delicadeza
sonho e precisão
seja firme seja leve
seja breve

se for pra sempre seja breve
seja firme seja leve
seja bravo seja breve
se for pra sempre

Na letra original havia o verso: "força e delicadeza / um pássaro na mão". Me parece a definição exata do equilíbrio: força suficiente para segurar um pássaro sem machucá-lo nem deixá-lo fugir.

Duca gostou da imagem e acabou usando numa música que fez depois. Achei que era muito "pássaro na mão" para um disco só e substituí o original por "sonho e precisão".

O que havia sido a semente da letra acabou não aparecendo na forma final. Mas a semente sempre está na flor, no fruto.

Índice de Músicas

Músicas/Editoras

As letras das canções presentes neste livro foram editadas por:

BMG Music Publishing Brasil
Algo por Você, Banco, Ela Sabe, Faz Parte, Humano Demais, A Ilha Não Se Curva, Nove Zero Cinco Um, A Onda, A Perigo, Por Acaso, ?Pra Quê?, O Preço e Sem Problema.

Universal Music Publishing
Breve, Depois da Curva, Duas Noites no Deserto, A Força do Silêncio, Luz, Melhor Assim, Nada Fácil, Ritos de Passagem e Vertical.

Warner-Chappell
?Até Quando Você Vai Ficar?, Canibal Vegetariano Devora Planta Carnívora, Curta-Metragem, Ilusão de Ótica, Museu de Cera, Nossas Vidas, Nunca Mais Poder, Onde Menos Se Espera, O Que Você Faz à Noite, Sala Vip, Sob o Tapete, Sopa de Letrinhas e Variações Sobre um Mesmo Tema.

Este livro foi composto no verão de 2011,
utilizando as famílias tipográficas Georgia, Swiss721 e Pumbler's Gothic,
e impresso pela Gráfica Coan em fevereiro de 2011.